L'AVENIR D'UNE ILLUSION

Du même auteur
dans la même collection

LE MALAISE DANS LA CULTURE

FREUD

L'AVENIR D'UNE ILLUSION

Traduction
par
Dorian ASTOR

Introduction, notes, chronologie et bibliographie
par
Pierre PELLEGRIN

GF Flammarion

ISBN : 978-2-0812-4338-5

INTRODUCTION

Publié en 1927, et traduit en français par Marie Bonaparte en 1932, ce qui constitue un délai assez court si on le compare à celui qui a séparé les autres œuvres de Freud de leur première traduction française, *Die Zukunft einer Illusion* est un livre étrange, hybride, et dont, notamment, le rapport à la psychanalyse est difficile à cerner. En 1927, la psychanalyse, dont Freud ne manque pas de rappeler qu'elle est sa « création » (p. 97), est bien établie à la fois intellectuellement et institutionnellement. Le mouvement psychanalytique, tant au niveau international qu'à travers ses instances nationales, a déjà une histoire riche, principalement de luttes, d'anathèmes et de déchirements, il est vrai. Freud est devenu un personnage incontournable de la scène intellectuelle européenne, à tel point que c'est à lui qu'Albert Einstein s'adressera en 1932 quand la Société des Nations lui demandera de débattre avec une personne de son choix des perspectives d'une élimination de la guerre comme moyen de résolution des conflits humains. On voit d'ailleurs, en lisant *L'Avenir d'une illusion*, que le fondateur de la psychanalyse a conscience que ce qu'il a à dire sur la religion sera pesé au trébuchet dans de nombreux milieux. Ce qui, d'ailleurs, le pousse dans deux directions opposées, la prudence et la véhémence. Mais, et cela nous importe encore plus ici, la psychanalyse a acquis, à travers des livres comme *Au-delà du principe de plaisir* (1920) et *Le Moi et le Soi* (1923), sa forme définitive, celle qui a pour armature la nouvelle théorie des pulsions – qui oppose pulsions de vie et pulsions de mort – telle qu'elle s'exhibe dans le cadre de la « seconde topique », articulant le moi, le soi (ou ça) et le surmoi.

L'« illusion » dont il est question dans *L'Avenir d'une illusion*, c'est la religion. Or Freud aborde bien la question de la religion en psychanalyste, mais il est pour le moins étrange qu'il le fasse en mobilisant si peu les ressources conceptuelles de la discipline qu'il a créée. Ses analyses de la religion comme réaction à la dépendance infantile envers un père aimé et redouté ne se réfèrent guère, en effet, qu'à l'Œdipe ainsi qu'à la suppression du refoulement lors de la cure analytique, avec, certes, plusieurs allusions explicites aux résultats de *Totem et tabou* (1913) – sans pour autant que cette œuvre soit toujours nommément désignée –, et une référence à cette instance de la seconde topique qu'est le surmoi. *Le Malaise dans la culture*, au contraire, publié deux ans après *L'Avenir d'une illusion*, et qui a tant d'affinités avec ce dernier ouvrage, fait explicitement appel à la seconde théorie freudienne des pulsions pour analyser les rapports des humains avec la culture et notamment la religion, ces analyses servant réciproquement de champ de vérification pour cette théorie. Et il n'est pas faux de dire que, d'une certaine manière, l'analyse psychanalytique la plus développée du phénomène religieux se trouve dans *Totem et tabou* ou dans *Le Malaise dans la culture* plutôt que dans *L'Avenir d'une illusion*. D'où le reproche que l'on a fait à *L'Avenir d'une illusion* de donner une image simpliste de la religion [1], si l'on compare les considérations de cet ouvrage avec celles de *Totem et tabou* par exemple.

Freud semble d'ailleurs reconnaître lui-même, dans une lettre au pasteur Oskar Pfister du 26 novembre 1927 – qui fait donc partie de l'échange de courrier entre les deux hommes à propos de *L'Avenir d'une illusion* –, que son livre campe dans les marges de la psychanalyse :

1. C'est le cas, par exemple, de Paul Roazen dans son remarquable livre, fort négligé des francophones, *Freud : Political and Social Thought*, New York, Knopf, 1968.

> Partons du principe que les vues exprimées dans mon essai ne font pas partie intégrante du système analytique. C'est mon attitude personnelle ; on la rencontre chez beaucoup de non-analystes et de pré-analystes et elle n'est sûrement pas partagée par un grand nombre de braves analystes. Si j'ai tiré certains arguments, ou plutôt, à vrai dire, un seul argument, de l'analyse, cela ne devrait empêcher personne d'exploiter la méthodologie sans partir de l'analyse au service de l'opinion opposée [1].

Et, à la fin de son ouvrage, Freud y fait rétrospectivement une grande part à ses opinions : « souvent, on ne peut se retenir de dire ce qu'on pense, et l'on s'excuse en ne le donnant pas pour plus que cela ne vaut » (p. 116).

On peut ici remarquer une première ambiguïté de *L'Avenir d'une illusion*, qui sera suivie de bien d'autres. Au reproche de ne donner qu'une analyse assez pauvre de la religion, Freud pourrait opposer le programme qu'il s'était clairement assigné dès le début de l'ouvrage : il s'agissait d'indiquer du mieux qu'il était possible quel était le destin de cette réalité culturelle qu'est la religion. De ce strict point de vue, il a tenu sa promesse en offrant un ensemble d'analyses et d'arguments tendant à montrer que la religion a fait son temps et qu'elle est destinée à disparaître, au moins sous la forme qu'elle revêtait au moment où le livre a été publié. La réalisation de ce programme ne requiert pas une recherche poussée sur la nature, l'origine et l'histoire de l'illusion religieuse, d'autant plus que les thèses de *Totem et tabou*, publié quatorze ans avant *L'Avenir d'une illusion*, étaient disponibles pour les lecteurs. De même, si l'on s'en tient aux intentions affichées au début du livre, on ne devrait pas être en droit de reprocher à Freud de ne pas donner de réponse claire et ferme aux problèmes qui y sont soulevés, et notamment à la question de savoir par quoi il faut remplacer la religion comme fondement de la moralité. Enfin, les critiques qui ont été adressées à *L'Avenir d'une illusion*, telles qu'on les trouve dans des écrits comme celui

1. S. Freud, *Correspondance avec le pasteur Pfister*, trad. L. Jumel, Gallimard, « Tel », 1991. Toutes les lettres de Freud à Pfister citées dans cette introduction proviennent de cette édition.

du pasteur Pfister ou telles qu'elles sont anticipées par Freud dans son ouvrage – et qui reposent toutes peu ou prou sur l'idée que l'intention de Freud dans *L'Avenir d'une illusion* est de détourner les gens, et notamment les masses, de la religion, ouvrant ainsi la voie à une période d'instabilité sociale –, sont tout aussi injustifiées. Oskar Pfister est assurément allé trop loin quand il a décrit *L'Avenir d'une illusion* comme un « pamphlet ».

Pourtant, et c'est là que réside l'ambiguïté, cette réponse littéraliste aux critiques mentionnées ci-dessus est assez hypocrite en ce que, d'une part, il est difficile de réduire *L'Avenir d'une illusion* à l'analyse détachée d'une tendance historique tant les opinions antireligieuses de Freud y affleurent pour ainsi dire constamment, et, d'autre part, Freud lui-même traite longuement, même si c'est d'une manière chaotique, du problème d'une éthique post-religieuse, surtout à partir du chapitre VII. Si le mot « pamphlet » est sans doute excessif, Freud n'en adopte pas moins, surtout vers la fin du livre, le ton qui pourrait être celui d'un *manifeste* en faveur de l'établissement d'une éthique complètement séparée de la religion.

***

La religion, ou plutôt les religions, ont toujours fortement intéressé Freud. Bien que sa culture ethnologique ait été suffisante pour lui faire prendre conscience de la diversité à la fois des religions et de leur place dans les différentes sociétés humaines, il reconnaît qu'il se sent surtout concerné par la religion dans les sociétés comme celle dans laquelle il vit, « notre culture actuelle, blanche et chrétienne » (p. 77). Freud fut personnellement confronté à la religion. Sa correspondance ainsi que divers témoignages nous rapportent les conflits, finalement assez aigus, qui l'opposèrent à son milieu, et notamment à sa belle-famille à propos de l'observance des rites juifs. On sait qu'il finit par accepter un mariage religieux. Juif, Freud le fut sans réticence. Membre du B'nai B'rith depuis 1897, sa conscience juive fut assurément renforcée par l'antisémitisme parfois diffus, parfois virulent de la société – il faudrait dire *des sociétés* tant la différence est grande entre l'Empire austro-hongrois et l'Autriche de l'après-Première Guerre mondiale – dans laquelle il a vécu, et elle transparaît dans maintes anecdotes. Mais il fut, de son propre aveu, *an infidel jew*, en ce qu'il s'est toujours présenté comme athée : il a dit à Ernest Jones, son ami et biographe, ne jamais avoir cru en un monde surnaturel [1]. Ces positions à la fois fermes et anciennes de Freud ne font pas pour autant de lui un athée militant, cherchant à ébranler la foi des gens qui l'entourent. Mais reparaît ici, sous une autre forme, l'ambiguïté déjà notée.

D'un côté, en effet, les rapports de Freud avec les psychanalystes croyants ne sont pas sous-tendus par le projet de les détourner de leurs croyances. L'un des cas les plus intéressants de relations de Freud avec un croyant fut celui de ses rapports avec le pasteur Oskar Pfister, déjà nommé, que nous connaissons assez bien grâce à leur correspondance. Connaissance unilatérale à vrai dire, mais du bon côté,

1. E. Jones, *La Vie et l'œuvre de Sigmund Freud*, Paris, PUF, « Quadrige », 1969, t. III, p. 398. L'expression « *infidel jew* » se trouve dans un article publié en 1928 dans *Imago*, « Une expérience vécue religieuse ». Les rapports de Freud au judaïsme ont souvent été considérés par les interprètes avec plus ou moins de bonheur, s'agissant d'un sujet aussi difficile. Y a-t-il une affinité, plus ou moins secrète, entre psychanalyse et judaïsme, comme beaucoup l'ont affirmé avec, assurément, des motivations très diverses ? Pour nous en tenir aux déclarations de Freud lui-même, on peut citer les deux suivantes, rappelées par Jean-Pierre Winter (« Freud et le judaïsme », *Europe* n° 954, octobre 2008, p. 39-44). Dans une adresse au B'nai B'rith, Freud écrit : « Le fait que vous soyez juifs ne pouvait que me plaire car j'étais moi-même juif et le nier m'a toujours semblé être non seulement indigne, mais encore franchement insensé. Ce qui me rattachait au judaïsme n'était pas la foi – je dois l'avouer – ni même l'orgueil national car j'ai toujours été incroyant, j'ai été élevé *sans religion*, mais non sans respect de ce qu'on appelle les exigences éthiques de la civilisation humaine. [...] Il restait assez de choses capables de rendre irrésistible l'attrait du judaïsme et des juifs, beaucoup d'obscures forces émotionnelles – d'autant plus puissantes qu'on peut moins les exprimer par des mots – ainsi que la claire conscience d'une identité intérieure, *le mystère d'une même construction psychique* » (les italiques sont de J.-P. Winter). Dans la préface de l'édition de *Totem et tabou* en hébreu, on lit : « Mais qu'est-ce qui est encore juif chez toi alors que tu as renoncé à tout ce patrimoine ? [...] Encore bien des choses et probablement l'essentiel. À l'heure qu'il est je serais toutefois incapable de le formuler en termes clairs. Mais sûrement qu'un jour ce sera accessible à la compréhension scientifique. »

puisque presque toutes les lettres du pasteur ont été détruites ou perdues, alors que celles de Freud nous sont parvenues. Or dans une lettre du 9 février 1909, la deuxième des lettres à Pfister que nous ayons conservées, Freud affirme qu'« en soi, la psychanalyse n'est pas plus religieuse qu'irréligieuse. C'est un instrument sans parti dont peuvent user religieux et laïques ». S'il s'agit, en effet, de se tenir au chevet d'un divan pour écouter les associations libres d'un patient, on ne voit guère ce qui empêcherait un croyant de tenir un tel rôle. Mais, d'un autre côté, la lecture de *L'Avenir d'une illusion* nous laisse tout de même sceptiques quant à la possibilité d'une coexistence pacifique entre psychanalyse et religion. L'idée qu'il n'y a aucun lien nécessaire entre la « doctrine » analytique et les conclusions antireligieuses de l'ouvrage, ainsi que l'affirmation selon laquelle l'opposition à la religion qui est construite dans cet ouvrage peut être considérée comme une simple opinion personnelle de Freud paraissent en fin de compte difficiles à accepter. Freud est bel et bien un homme antireligieux qui entend se servir de la psychanalyse pour critiquer les religions et leurs prétentions, et les éléments centraux de la doctrine psychanalytique – notamment le complexe d'Œdipe – lui fournissent des armes pour ce combat.

Il y a aussi au moins deux faits qui révoquent en doute cette affirmation d'une neutralité bienveillante de la psychanalyse envers la religion. D'abord, le scientisme de Freud – question redoutable sur laquelle il faudra revenir – lui fait ranger la psychanalyse dans le « camp » de la science, lequel est différent de celui de la religion et lui est même opposé. C'est ce qu'il affirme dans une lettre au même pasteur Pfister du 16 février 1929, où il réitère sa position scientiste : « Vous avez aussi raison de rappeler que l'analyse ne mène pas à une nouvelle conception du monde. Elle n'a pas besoin de cela, car elle repose sur la conception scientifique générale du monde, avec laquelle la conception religieuse du monde est incompatible. » Nous sommes loin des propos lénifiants de Freud dans la lettre du 9 février 1909, présentant la psychanalyse comme une discipline « religieusement neutre ». Ensuite, le caractère acerbe et en quelque sorte pressant des critiques de Freud contre la religion vient aussi de ce que, dans la société dans laquelle il vit, la religion tient une place plus importante que n'importe quel autre système culturel, et ce, pour de multiples raisons, dont les deux principales sont sans doute que la plupart des membres de cette culture y voient le fondement le plus solide de la moralité, et que c'est la religion qui façonne l'éducation donnée aux enfants. Mais Freud semble considérer que cette importance de la religion n'est pas limitée à la société viennoise de son époque : « La part peut-être la plus significative de l'inventaire psychique d'une culture [...] ce sont [...] les représentations religieuses » (p. 70). Par ailleurs la psychanalyse, qui s'est dès le début donné un droit de regard sur la plupart des phénomènes culturels, trouve d'emblée la religion en travers de son chemin. De plus, elle a peut-être plus à dire sur la nature, l'origine et le devenir du sentiment religieux que sur bien d'autres phénomènes sociaux, tant la structure même du rapport à Dieu est œdipienne.

Mais, chez Freud, rien n'est simple. S'il n'est pas très difficile de déceler derrière ses déclarations pacifiques et œcuméniques une irrépressible envie d'en découdre avec la religion, il faut tenter d'identifier sa cible réelle, ou principale. Le pasteur Pfister est bien présent à l'arrière-plan de *L'Avenir d'une illusion.* Sans doute est-ce lui qu'il faut chercher derrière l'« adversaire » (p. 78) dont Freud rapporte les critiques à partir du chapitre IV. Dans une lettre du 16 octobre 1927, Freud lui annonce la parution de son ouvrage : « Dans les semaines qui vont suivre, paraîtra une brochure de moi qui vous touche de près. En effet, cela fait très longtemps que je voulais l'écrire, mais je ne cessais de remettre par égard pour vous jusqu'à ce qu'enfin la poussée fût devenue trop forte. » Oskar Pfister écrivit en 1928 dans la revue *Imago* une réponse à *L'Avenir d'une illusion* : « L'Illusion d'un avenir ». Toutefois ici aussi l'apparence est peut-être trompeuse. Certains interprètes, dont Paul Roazen, ont soutenu que la grande ombre qui planait sur tous les écrits de Freud traitant de religion – et particulièrement *Totem et tabou* – était celle de Carl Gustav Jung, que Freud avait choisi, ou fait semblant de choisir, comme successeur à la tête du mouvement psychanalytique. Plus encore que Pfister, en effet, Jung a apparié psychanalyse et religion, et, pour dire les choses de manière sommaire, il considère que les croyances religieuses d'un individu, non seulement peuvent être pour lui un facteur d'équilibre, mais sont aussi susceptibles d'être utilisées dans une cure analytique. Freud, au contraire, nous allons le voir, pose une relation disjonctive : ou religion, ou psychanalyse. Sa hargne névrotique contre le fils traître, qui devait succéder au maître tout en sortant la psychanalyse d'un environnement exclusivement juif, et devant lequel il s'évanouissait quand ils s'opposaient l'un à l'autre [1], était-elle encore aussi vivace à l'époque de la parution de *L'Avenir d'une illusion* ? Sans doute, et aucun des familiers de l'œuvre de Freud ne s'étonnera de cette intrication de motifs théoriques et affectifs dans la force des sentiments antireligieux du fondateur de la psychanalyse.

Freud et ses prédécesseurs

Freud n'est évidemment pas le premier à attaquer la religion, et il le reconnaît : « je n'ai rien dit que d'autres hommes, meilleurs que moi, n'aient déjà dit de manière bien plus complète, plus forte et plus impressionnante. [...] Simplement – et c'est le seul élément nouveau de ma présentation –, j'ai ajouté à la critique de mes grands prédécesseurs un certain fondement psychologique » (p. 96). On peut présumer que cette modestie est largement feinte, et que Freud pense bel et bien avoir produit une arme antireligieuse plus efficace que celles des autres.

Ces critiques antérieures, dont certaines remontent à l'Antiquité, ont pris trois grandes formes. Il y a d'abord la

1. Ce qui est arrivé au moins deux fois : en 1909, à Brême, alors que Jung parlait des cadavres ensevelis dans les marais alentour, Freud y vit l'expression du désir que lui-même mourût et il s'évanouit ; en 1912, à Munich, Freud reprocha à Jung de ne pas l'avoir cité dans des publications, Jung répliqua que cela était inutile tant Freud était connu, et celui-ci s'évanouit une nouvelle fois.

mise en évidence de l'inanité des preuves de l'existence de Dieu à partir de sa création, dont les plus remarquables sont les preuves anselmienne et cartésienne : le concept de perfection, qui existe dans mon esprit, enveloppe nécessairement l'existence, autrement il lui manquerait quelque chose ; or seul un être parfait a pu produire en moi l'idée de perfection. Il n'est pas utile de s'attarder sur les nombreuses critiques qui, des sceptiques antiques à un philosophe aussi peu antireligieux que Kant, ont au moins montré que ces preuves ne convainquaient guère que ceux qui croyaient déjà. Il y eut ensuite le travail de sape opéré par les sciences, auquel Freud fait une large place dans *L'Avenir d'une illusion*. Il faut ici distinguer, plus qu'il ne le fait lui-même dans cet ouvrage, les sciences naturelles des sciences historiques. Les trois grands démentis infligés, selon Freud, par la science à l'égocentrisme humain – la Terre n'est pas le centre de l'univers, l'espèce humaine n'est pas le centre du monde vivant, le moi conscient n'est pas maître chez lui – ont évidemment mis à mal un certain nombre d'enseignements véhiculés par les différentes religions. Que l'on se rappelle la hargne avec laquelle les Églises chrétiennes ont attaqué Darwin. Mais l'approche historique et critique des textes sacrés – celle d'un Renan par exemple – aussi bien que l'archéologie eurent peut-être un effet plus important sur le christianisme que les révolutions en cosmologie, biologie et psychologie. Il faut enfin mentionner les critiques sans doute les plus dévastatrices, celles qui reposaient sur ce que l'on pourrait appeler un « déplacement », en ce que, au lieu de se demander si les représentations religieuses ont des référents réels – Dieu existe-t-il ? L'âme est-elle immortelle ? Jésus est-il le fils de Dieu ? –, elles se placent du point de vue du sujet croyant. Ainsi, Évhémère, au IVe siècle avant J.-C., soutenant que les dieux ne sont que des humains divinisés, apparaît comme le remarquable prédécesseur de Ludwig Feuerbach qui, dans *L'Essence du christianisme* (1841), explique comment l'homme crée Dieu à son image.

Bien qu'il soit très sensible aux effets du développement des sciences sur les religions, ne serait-ce que parce qu'il a, avec acharnement, défendu le statut scientifique de la psychanalyse, Freud se place incontestablement dans la perspective de la troisième sorte de critique. C'est ce qu'il veut aussi dire quand il écrit, comme on l'a vu, qu'il ajoute « un certain fondement psychologique » (p. 96) aux attaques antérieures. Il ne se donne pas la peine de répondre aux preuves « onto-théologiques » de l'existence de Dieu, de la Providence ou de la vie éternelle, et il sait bien que ni Copernic ni Darwin n'ont mis les croyances religieuses à bas. Et d'ailleurs, pourquoi la religion existe-t-elle encore après avoir été soumise à ces attaques « forte[s] et [...] impressionnante[s] » (*ibid.*) dont il prend la succession ? C'est à travers la réponse à cette question que Freud va établir sa différence d'avec ses prédécesseurs et construire une critique qui est, selon moi, autrement plus redoutable que les autres pour la religion.

Dans la dernière catégorie des attaques, la forme de critique antireligieuse la plus intéressante pour le présent propos est assurément celle de penseurs comme Marx ou Nietzsche, prédécesseurs mais contemporains de Freud. Du premier, Freud semble avoir eu une connaissance assez rudimentaire, alors que du second, il avoue ne point avoir pris le temps de le lire vraiment, bien qu'il se fût procuré ses ouvrages (lettre à Fliess, 1er janvier 1900). Pour dire les choses sommairement, même si la critique du judéo-christianisme occupe chez Nietzsche une place beaucoup plus importante que chez Marx – il y a entre eux la différence d'un militant antireligieux acharné à quelqu'un pour qui la religion importe finalement assez peu –, tous deux conçoivent la prise en main des humains par une instance religieuse comme une *aliénation* – même si le terme est marxiste plutôt que nietzschéen –, qui les prive de leur « vraie nature » ou, en tout cas, les éloigne de ce qu'ils pourraient espérer être. Sur la question centrale du pourquoi, ou du « au profit de qui », cette aliénation s'est établie et développée, en revanche, Marx et Nietzsche diffèrent significativement. Or Freud reprend une telle approche à son compte dans *L'Avenir d'une illusion*, même s'il n'emploie pas le terme « aliénation ». Dans le chapitre IX, en effet, il oppose « la faiblesse intellectuelle » de l'adulte mentalement atrophié par l'éducation religieuse à « l'intelligence radieuse d'un enfant en bonne santé » (p. 109), c'est-à-dire n'ayant point subi l'action débilitante de cette éducation. Remarquons au passage la tonalité nietzschéenne de ce portrait d'un enfant imaginaire, libre de toute aliénation religieuse. C'est que si l'on veut, comme Freud semble le souhaiter, substituer une morale rationnelle à une morale fondée sur la religion, il faut en quelque sorte postuler que les humains débiles que nous voyons autour de nous ont été *dénaturés* par l'éducation à dominante religieuse qu'ils ont reçue et que les croyances qui sont enracinées en eux ne leur sont pas *naturelles* : « Il faudrait, je pense, beaucoup de temps pour que les pensées d'un enfant non influencé commencent à s'inquiéter de Dieu et des choses de l'autre monde » (*ibid.*).

De même ne doit-on sans doute pas considérer comme simplement polémique le développement que Freud consacre à l'idée que la religion est une sorte d'intoxication. Il connaissait certainement l'expression « opium du peuple ». Il y a là l'une des plus belles pages du Freud « libérateur » – et notamment féministe [1] – que pourrait invoquer l'une des lectures, historiquement très importantes, du freudisme, qui faisaient siéger le père de la psychanalyse aux côtés de Marx et Nietzsche dans le panthéon des émancipateurs du genre humain. Mais tant l'approche de la religion comme aliénation que l'analyse de la croyance religieuse comme addiction ne peuvent guère être que marginales chez Freud, ne serait-ce qu'à cause de la conception freudienne de la « nature » humaine, qui est fort éloignée de tout rousseauisme. Or, sur le point qui nous occupe, Freud considère que Marx et Nietzsche sont bel et bien rousseauistes, comme nous le reverrons plus en détail à propos des marxistes. Nous aurons l'occasion d'évaluer alors les

1. Voir p. 110.

divergences fondamentales qui séparent les approches marxo-nietzschéenne et freudienne.

La religion : une réponse illusoire à la détresse humaine

Pour saisir ce que la critique freudienne a de fort et d'original, il faut voir où elle situe la religion et comment elle la caractérise. Freud ne considère pas la religion principalement comme une élaboration intellectuelle, mais comme une construction culturelle destinée à faire face à des difficultés culturelles. Il semble penser que cette construction n'est pas nécessaire, puisqu'elle n'existait pas au temps de la horde primitive et bientôt n'existera plus, mais qu'elle fut quasi indispensable à certains stades de l'histoire humaine. Si l'on tient l'animisme pour une religion, ce qui, selon Freud, ne peut être vrai qu'en un sens large [1], la religion apparaît avec la culture elle-même, puisque celle-ci commence avec la société des frères meurtriers du père tyrannique qui dominait la horde primitive. Freud considère en effet cet état initial de règne absolu du père comme pré-culturel [2]. En tant qu'appareil culturel, la religion se voit donc assigner un but clair, celui de contribuer au maintien de la culture. Ou, pour le dire autrement, elle est une modification psychique que la culture produit chez les individus en vue de sa propre sauvegarde.

C'est donc à l'intérieur du psychisme humain que Freud situe les racines mêmes des croyances religieuses. Il refuse, par ailleurs, d'attaquer la religion par le biais d'une argumentation qu'on pourrait dire « théologique ». Si, comme nous l'avons vu plus haut, « la part peut-être la plus significative de l'inventaire psychique d'une culture [...] ce sont [...] les représentations religieuses » (p. 70), il est pour ainsi

1. Voir *Totem et tabou* : « l'animisme lui-même n'est pas encore une religion, mais il contient les conditions préalables sur lesquelles s'édifieront plus tard les religions », in *Œuvres complètes*, Paris, PUF (19 tomes, 1989-2010), t. XI, p. 286.

2. Certains animaux connaissent une vie en horde sous la domination tyrannique d'un mâle et il arrive que les jeunes fils se révoltent et tuent leur père. Mais les fils meurtriers tentent simplement de prendre la place du père, ils ne créent donc pas de règles culturelles et entrent dans un processus infini de violence.

dire tout naturel que son examen du fait religieux se fasse dans le champ des relations entre les individus et la culture. Ce champ sera balisé avec plus de précision dans *Le Malaise dans la culture.* Il y a, sur ce point, un malentendu entre Freud et Pfister. Celui-ci adopte en effet dans « L'Illusion d'un avenir » l'attitude générale des croyants quand ils ont à faire face à l'accusation de collusion entre les Églises et les forces qui tendent à maintenir en place la structure des sociétés : si tel a été le rôle joué par ma religion à tel ou tel moment, cela est tout à fait regrettable, mais cela n'est pas lié à l'essence de la religion. Pfister écrit :

> La religion doit libérer les forces intellectuelles et émotionnelles les plus fortes ; elle doit provoquer les plus grandes réalisations en art et en science, elle doit remplir la vie de tout le monde, y compris des plus pauvres avec les plus grands trésors de la vérité, de la beauté et de l'amour, elle doit aider à surmonter les contraintes effectives de la vie, elle doit ouvrir la voie à des formes de vie sociale plus consistantes et plus authentiques [1].

C'est que, pour lui comme pour tous les croyants, la religion n'est pas un phénomène *purement social*, puisqu'elle a été divinement instaurée. Ou plutôt, ce sont les autres religions qui sont des phénomènes purement ou principalement sociaux... Une telle prémisse est évidemment inacceptable pour Freud, mais aussi pour nous dans la mesure où nous tentons une approche objective des phénomènes religieux. Peut-être est-ce encore Ernest Jones qui expose le mieux la situation :

> Freud, comme personne d'autre d'ailleurs, n'était naturellement pas en position d'affirmer que les croyances religieuses ne correspondent pas du tout à une réalité surnaturelle. Quelle que soit l'influence de l'attitude de l'enfant vis-à-vis de son père sur sa croyance en Dieu, il se pourrait tout de même qu'il y ait aussi un Dieu. Tout ce qu'il a affirmé c'est que de telles croyances peuvent être entièrement expliquées par les facteurs psychologiques et historiques qu'il a étudiés, de sorte qu'il ne voit personnellement aucune raison d'y ajouter un facteur extérieur et surnaturel [2].

---

1. « L'Illusion d'un avenir », version anglaise in *The International Journal of Psycho-Analysis*, vol. 74, 3e partie, juin 1973, p. 570.
2. *La Vie et l'œuvre de Sigmund Freud*, *op. cit.*, t. III, p. 409.

Il faut ici faire un bref rappel concernant la conception freudienne de la culture. *L'Avenir d'une illusion* propose une définition de la culture, qui sera reprise dans *Le Malaise dans la culture*, comme « tout ce en quoi la vie humaine s'est élevée au-dessus de ses conditions animales » (p. 60). La culture présente « deux faces » : tous les moyens inventés par les humains pour dominer la nature, et les dispositifs qui règlent les rapports des humains entre eux. La fonction principale de la culture est, selon Freud, de limiter les satisfactions pulsionnelles des individus qui composent cette culture, dans la mesure où elles se révèlent dangereuses pour elle. Cela s'avère nécessaire du fait, comme le dit Freud dans *Le Malaise dans la culture*, « que l'homme n'est pas un être doux avide d'amour, qui tout au plus serait capable de se défendre s'il est attaqué ; mais que parmi les pulsions qui lui ont été données, il peut compter aussi une part puissante de penchant à l'agression [1] ».

Sans doute Freud partage-t-il avec Rousseau l'idée que l'homme est libre par nature, mais pour lui il est urgent de brider cette liberté dont l'homme ne peut faire qu'un usage désastreux, puisqu'il satisfait ses pulsions agressives en exploitant, violant, humiliant, martyrisant et tuant son prochain, et en y trouvant, de plus, une grande satisfaction narcissique. Il y a là une ligne de fracture qui sépare Freud des marxistes. Dans *Le Malaise dans la culture*, de fait, Freud a rangé les marxistes sous la bannière du rousseauisme. Pour les communistes, y écrit-il, « l'homme est univoquement bon, bien disposé à l'égard de son prochain [2] ». Or, Freud ne croit pas à la possibilité d'une restauration d'un être humain authentique, en accord avec son moi, les autres et le monde. Autrement dit, il n'adhère pas au puissant mouvement de pensée qui présente l'humanité comme ayant perdu une sorte d'innocence en se laissant enfermer dans des rapports d'oppression. Ce n'est pas tant à la tradition marxiste, qui fait de l'apparition de la propriété privée puis de l'État le

1. *Le Malaise dans la culture*, trad. D. Astor, éd. P. Pellegrin, Paris, GF-Flammarion, 2010, p. 132.
2. *Ibid.*, p. 134.

point de départ de cette existence aliénée, que je pense ici, qu'à une tradition de pensée ancienne et puissante en Europe occidentale qui oppose un homme grec à l'aise dans la nature à un homme européen postérieur, habitant paria d'un monde qui lui est hostile. La coupure n'est pas située au même point par tous les partisans de cette simulation historique. Pour Hegel, par exemple, dans les pages de la *Phénoménologie de l'esprit* qu'il y consacre, le tournant se produit au moment où la cité disparaît et avec elle le citoyen libre. Alors commence le temps de l'esclavage universel, celui des monarchies hellénistiques puis de l'Empire romain, auquel Hegel assigne, sans peut-être assez de nuances, comme philosophie caractéristique le stoïcisme. Pour Nietzsche et Heidegger, la « chute » se situe au moment où Socrate pour l'un, Platon pour l'autre, contraignent la source grecque à emprunter le canal d'une rationalité en quelque sorte scolastique. Certains autres, de la Renaissance au XVIIIe siècle, ne se sont pas embarrassés de tant de nuances et ont tout simplement opposé l'Antiquité païenne, le temps du plaisir, à la société chrétienne, le temps du péché. Tous sont d'accord pour affirmer que le christianisme a donné à cette existence malheureuse des humains dans un monde devenu une vallée de larmes sa forme la plus achevée et la plus efficace.

La théorie freudienne de la culture, telle qu'elle est notamment exposée dans *Le Malaise dans la culture*, nous montre celle-ci mobilisant toutes sortes de moyens, qui vont des institutions aux constructions idéologiques, en passant par les prescriptions morales et les créations artistiques, pour contenir et contrôler les pulsions agressives des êtres humains, qui, sans cela, en renversant la culture, détruiraient l'espèce humaine. Lutte continue, incertaine, qui est une sorte de danse au bord du gouffre. Toute culture est donc répressive, et Freud est très sceptique – c'est un euphémisme – quant à la possibilité qu'il existe une culture sans répression ; il ne croit visiblement pas à la réussite de ce projet en Russie, et on peut, de fait, imaginer de meilleurs exemples de sociétés non répressives que l'URSS… Les humains sont donc constitutionnellement hostiles à la culture, plus ou moins selon l'importance des sacrifices qu'elle leur demande : dans une même société à un même moment, c'est généralement la masse des gens modestes et peu éduqués qui est la plus opposée à la culture ; on sait que Freud, comme d'ailleurs il le répète au début de *L'Avenir d'une illusion*, voit comme la moins mauvaise solution à ce problème la dévolution du pouvoir à des leaders éclairés et capables d'échapper à la démagogie.

Au cours du temps, la culture doit s'adapter à des situations nouvelles, bien que son but général reste le même : contraindre les humains au travail et obtenir d'eux un renoncement massif à la satisfaction de leurs pulsions. Freud, donc, ne croit pas à la possibilité de restaurer un bonheur perdu, tout simplement parce que ce bonheur n'a jamais existé. Dès le début de la culture, les humains tentent de gérer psychiquement leur malheur, et la religion est l'un des principaux dispositifs qu'ils utilisent à cette fin. Il y a néanmoins chez Freud une forme de valorisation des temps anciens. On sait en effet, et il le répète dans *L'Avenir d'une illusion*, qu'il pense que le degré de frustration et de répression des pulsions s'accroît au fil des siècles – une idée qui a paru incongrue jusqu'à une date récente, mais qui rencontre aujourd'hui beaucoup de partisans. Dans plus d'un passage de ses ouvrages touchant la culture ou l'histoire, Freud à la fois laisse percer son étonnement devant l'importance des sacrifices que les humains consentent et met en garde contre une culture trop répressive qui conduira les individus à la révolte. Dans *L'Avenir d'une illusion*, il rappelle que le principal moyen que la culture met en œuvre pour parvenir à ses fins est un processus d'intériorisation des contraintes, que la théorie psychanalytique décrit à l'aide de l'une des instances psychiques de la seconde topique, le surmoi. Freud qui, touchant les réalités culturelles, a, décidément, une pensée bien plus historique que beaucoup ne l'ont dit, est amené à distinguer comme des strates parmi les renoncements auxquels une culture contraint ses membres. Il y a un ensemble d'interdits primitifs, que toute culture impose parce que sans eux une société n'est pas possible, qui sont ceux du cannibalisme, de l'inceste et du meurtre. Concernant ces interdits archaïques, l'intériorisation semble à peu près achevée, à deux nuances près selon Freud. D'une part, ces privations anciennes sont « toujours agissantes et forment le noyau de l'hostilité à la culture » (p. 66), ce qui se voit à la fois chez les enfants, dont les phases de la sexualité commémorent ces désirs anciens, et chez certains névrosés, dont les symptômes marquent le refus d'accepter ces privations originaires. D'autre part, seul le cannibalisme semble avoir complètement disparu des revendications libidinales actuelles, puisqu'« on peut encore sentir la force des désirs d'inceste derrière l'interdit, et le meurtre est encore, sous certaines conditions, pratiqué, voire commandé par notre culture » (*ibid.*). On retrouve ici une marque du vice fondamental des positions de Freud en anthropologie : il distribue, comme le faisaient les anthropologues de son époque [1], les sociétés sur une ligne continue d'évolution allant des plus « primitives » aux plus « civilisées », même s'il est prêt comme d'autres à reconnaître que cette évolution s'accompagne d'une déperdition de bonheur, et qu'il s'éloigne ainsi de l'idéologie du progrès qui accompagne généralement ce genre de spéculations évolutionnistes. Or, il semble bien que des sociétés aux institutions fort complexes et aux productions culturelles remarquables, et que l'on ne peut pas cantonner dans une sorte d'enfance de l'humanité, aient pratiqué un cannibalisme au moins rituel.

Il faut maintenant dire quelques mots de la conception freudienne de la religion elle-même. Selon Freud, la croyance religieuse n'est pas une *erreur*, mais une *illusion*, parfois une *idée délirante*. Il faut, en effet, et c'est ce qu'il fait au chapitre VI, distinguer ces trois termes. La croyance

1. La bible de cette anthropologie évolutionniste est sans doute l'*Ancient Society* de Lewis Henry Morgan (1877), dont les thèses ont été popularisées par le fameux ouvrage de Friedrich Engels, *L'Origine de la famille, de la propriété privée et de l'État* (1884).

en la génération spontanée de la vermine à partir des déchets est une erreur, alors que c'est une illusion pour une fille pauvre de croire qu'un prince à la fois charmant et riche va venir l'épouser. Quant à l'idée délirante, elle a comme caractère essentiel « la contradiction avec la réalité » (p. 90). « Ce qui reste caractéristique de l'illusion, c'est qu'elle dérive de désirs humains » (*ibid.*). Il est à remarquer que, comme le signale Freud, une illusion n'est pas nécessairement fausse : il peut arriver que des princes épousent des bergères ou, pour traduire la chose en novlangue, que des parieurs gagnent au loto. On pourrait ajouter que l'exemple même donné par Freud montre qu'erreur et illusion sont souvent mêlées : que Christophe Colomb ait cru avoir découvert une nouvelle route vers les Indes est, certes, une illusion, tant il est vrai que c'est bien le désir de trouver cette route qui avait suscité toute l'entreprise, mais elle est aussi une erreur. Il convient ici de bien saisir la différence entre l'analyse de Freud et l'approche que j'ai nommée « marxo-nietzschéenne ». Ni Marx, ni Nietzsche, ni aucun de leurs successeurs n'a pu ni ne peut être surpris par la notion même d'illusion. Mais dans l'aliénation religieuse qu'ils dénoncent, c'est bel et bien l'erreur qui occupe la première place. Certes, les tenants d'une telle approche ont souvent été conscients que les dominés sont complices de leur propre domination, et si l'on considère l'analyse marxiste de l'idéologie, que Marx a esquissée dans *L'Idéologie allemande* et qui a été développée jusqu'à l'hypertrophie par ses épigones du siècle suivant, on y trouve l'idée que les classes dominantes sont marchandes d'illusions – nous qui avons un demi-siècle de télécratie derrière nous le savons bien mieux que Marx. Mais ces idées que l'on inculque aux dominés – par exemple l'idée aristotélicienne qu'il y a des maîtres et des esclaves *par nature* – sont, pour les marxistes, avant tout des idées fausses. D'où la nécessité d'un travail critique pour ouvrir les yeux des dominés que les dominants abusent. Les marxo-nietzschéens sont d'incorrigibles optimistes.

Or, nul travail critique ne nous débarrassera jamais des illusions religieuses, parce que ce qui fait leur force, c'est qu'elles sont des « accomplissements des désirs les plus anciens, les plus forts et les plus pressants de l'humanité » (p. 89), souhaits qui se rattachent à l'état d'*impuissance* (*Hilflosigkeit*, parfois rendu par « dépendance ») infantile. Au début du chapitre VI, Freud écrit :

> Nous savons déjà que l'impression effrayante de l'impuissance infantile a éveillé le besoin de protection – protection par l'amour – auquel le père a apporté son aide ; la reconnaissance de la persistance de cette impuissance tout au long de la vie a causé l'attachement à l'existence d'un père désormais plus puissant. La peur devant les dangers de la vie est apaisée par le règne bienveillant de la Providence ; l'établissement d'un ordre moral du monde assure l'accomplissement de l'exigence de justice [...] ; le prolongement de l'existence terrestre par une vie future adjoint le cadre spatial et temporel dans lequel l'accomplissement des désirs doit s'effectuer. Pour les questions posées au désir humain de savoir par des énigmes comme la genèse du monde ou le rapport entre l'âme et le corps, des réponses sont développées selon les présupposés de ce système (p. 89).

On retrouve dans ce passage les trois fonctions de la religion. Celle-ci entend rassurer les humains qui font face à trois menaces : celle, d'abord, d'un monde incompréhensible et menaçant ; celle, ensuite, d'un destin indéchiffrable dont l'aspect le plus angoissant est l'énigme de la mort et de la survie ; celle, enfin, d'être soumis à l'arbitraire d'autres humains dont on peut attendre toute sorte de mauvais traitements. Pour conjurer ces trois formes de détresse, les religions proposent des dieux, une Providence et une morale divinement instituée, fondée sur la promesse d'une survie et d'une récompense ou d'un châtiment dans l'au-delà en fonction du bien et du mal accomplis ici-bas. L'ordre dans lequel sont identifiées ces menaces reflète un progrès historique. Comme nous l'avons déjà vu, pour Freud, les productions culturelles, et donc les religions, sont en effet des réalités historiques, si bien que les réquisits de la culture changent en fonction des circonstances, car ce ne sont pas les mêmes renoncements qu'il convient d'imposer aux membres d'une peuplade nomade relativement égalitaire et aux sujets de l'Empire austro-hongrois au tournant des XIXe et XXe siècles. Il y a, pour Freud, une véritable *histoire des religions*, ce qui veut dire que celles-ci ont pris des formes différentes en réaction aux transformations sociales et intellectuelles des sociétés dans lesquelles elles fonctionnaient.

Le sens général de cette évolution est décrit par Freud comme la concentration sur la dernière des trois menaces auxquelles la religion entend répondre. Ainsi *L'Avenir d'une illusion*, dans un schéma assez comtien – mais Freud avait-il lu Auguste Comte ? –, définit la première tâche de la religion comme étant d'« humaniser la nature » (p. 73). Le but à la fois premier et essentiel des constructions religieuses est alors de « faire un travail psychique sur [la] peur insensée » (*ibid.*) des humains. Pour ce faire, l'homme humanise les forces naturelles dont il constate les effets et plus précisément, dit Freud, « il leur donne un caractère de père, il en fait des dieux, et il ne suit pas en cela un modèle seulement infantile, mais aussi [...] phylogénétique » (p. 74). De même, selon une croyance dont Marcel Mauss avait fait l'un des aspects les plus importants de la magie, la mort n'est pas pensée comme un processus naturel, mais comme l'effet de l'intention d'un agent humain ou supra-humain. Or, pour peu que les progrès de la connaissance amènent les humains à enserrer les processus naturels, astronomiques, physiques et biologiques, dans un réseau de régularités, la détresse humaine change de visage. Le but principal de la religion n'est plus alors de donner une image animiste de la nature. Progressivement, la religion en vient à concentrer ses forces sur sa troisième tâche : établir, récompenses et châtiments éternels à l'appui, une morale fondée sur la volonté divine.

C'est donc dans le domaine des relations entre les humains eux-mêmes, et non plus des humains avec l'univers et le destin, que finit par se situer le rôle principal de la religion et qu'il se situait assurément à l'époque de Freud. D'où, comme nous l'avons vu, le reproche principal auquel il eut à répondre, du moins selon ce qu'il en dit dans *L'Avenir d'une illusion*, à savoir de miner la paix sociale parce que celle-ci reposerait largement sur l'idée partagée par une majorité des membres de la société que les règles de morale sociale ont la caution de Dieu, avec le système de récompenses et de punitions qui en découle. La Vienne de 1927 est déjà loin de l'état théologique, et le stade métaphysique dans lequel elle se trouve plongée révèle de plus en plus de failles. Qu'elle le veuille ou non, la société est donc contrainte de faire le grand saut dans l'état positif. Dans ces transformations, le développement des sciences joue évidemment un rôle primordial, mais finalement difficile à cerner, comme nous allons le voir.

Cette diversité des formes de religion, qu'il s'agisse de religions différentes les unes des autres, de formes différentes d'une religion qui se prétend la même – car le christianisme du temps de saint Augustin est fort différent de celui de l'époque de Freud – ou d'une même religion en tant qu'elle est vécue différemment par les membres de sociétés différentes ou des membres différents d'une même société, dépend du niveau de développement des sociétés dans lesquelles ces religions fonctionnent, toujours selon le schéma morganien adopté par Freud. Mais il y a une autre diversité qui n'est pas pensable dans ce cadre. Il se profile ici un problème que Freud a touché, sans peut-être l'avoir clairement identifié. Dans *Le Malaise dans la culture*, il remarque, en traitant de la haine fanatique que la religion inspire envers les infidèles, que « l'intolérance religieuse était restée étrangère aux Romains [1] ». Sans doute eût-il dû se rendre compte que le rapport au divin, et la nature du divin elle-même, étaient tellement différents chez les juifs et les chrétiens d'un côté et chez les Grecs et les Romains de l'autre, que ce n'est que par une sorte d'abus de langage – Aristote dirait d'« homonymie » – que l'on parle de « religion » dans les deux cas. Les Hébreux – et si d'autres peuples l'ont fait avant eux, ce qui n'est pas impossible, nous en avons perdu la trace – ont inventé un type de relation des humains au

1. *Le Malaise dans la culture*, *op. cit.*, p. 137.

divin qui n'avait presque rien de commun avec ceux élaborés par les autres peuples. Pour le dire rapidement, ce n'est pas tant, comme semble le laisser entendre Freud, le monothéisme qui distingue le judaïsme des autres religions – après tout, beaucoup de philosophes grecs étaient monothéistes –, que l'idée d'un Dieu qui soit à la fois le créateur de la nature, laquelle dépend donc entièrement de lui, et une personne, qui entre avec les humains dans des rapports certes inégaux, mais personnels et affectifs. C'est le fameux « Dieu jaloux », mais aussi compatissant et prévoyant de la Bible, qui, pour des raisons de lui seul connues, se choisit un peuple avec lequel il a une relation privilégiée. Rien de tout cela chez les Grecs, les Romains et les autres cultures : pour eux les dieux, ou le Dieu, sont des parties d'un ordre naturel qu'ils ne sauraient transgresser. Quand Freud écrit que chez les Grecs « on voit poindre l'idée que la Moire se dresse audessus des dieux » (p. 75) – c'est-à-dire que les dieux sont soumis à une loi générale qui régit également tous les phénomènes du monde –, on peut regretter qu'il n'ait pas considéré plus avant cet aspect essentiel de la religion grecque. On le voit à la différence entre le péché juif, ou chrétien, et la violation gréco-latine de l'ordre naturel. Les calamités envoyées par Yahvé à cause de l'infidélité des Hébreux et par les dieux à cause de l'inceste et du parricide d'Œdipe n'ont de similitude que superficielle, puisque les unes sont dues à la rupture volontaire d'un contrat avec Dieu et les autres à un viol involontaire d'interdits qui doit d'abord être découvert [1].

On peut se demander comment Freud, s'il eût reconnu qu'il n'y a finalement de religion que juive – christianisme et islam étant des avatars du judaïsme –, se fût tiré d'affaire à propos des autres aires culturelles. Il a, en tout cas, eu

1. Évidemment, ces types « purs » de religion n'existent réellement que sous des formes « contaminées » : les Grecs n'ignorent pas complètement la notion de péché et il y a de nombreux passages de la Bible où la transgression involontaire, voire accompagnée d'une bonne intention, suscite la colère de Dieu et la punition qui s'ensuit. Ainsi ce malheureux Uzza : il voulut empêcher l'Arche de Dieu de tomber du chariot qui la transportait ; mal lui en prit car Dieu, qui n'aimait pas que l'on touchât son Arche, le fit mourir sur place (II Samuel 6, 6-7).

conscience de la difficulté de cette question et il semble avoir été tenté de réduire la transgression involontaire à une forme de péché. Ainsi, dans *Totem et tabou*, il explique que les fautes tragiques, dont il nous paraît difficile de dire qu'elles sont des fautes parce qu'elles sont involontaires, consistent « la plupart du temps en une révolte contre une autorité divine ou humaine [1] ». Toutefois il ne s'agit pas pour Freud de prétendre que la religion juive est le type développé dont la religion grecque n'est qu'une ébauche, mais que toutes deux peuvent être subsumées sous le récit du meurtre du père originaire suivi du repas totémique. Il reconnaît pourtant que la religion juive représente un progrès remarquable dans le développement de la religion elle-même, et s'il attribue cela, comme on l'a vu, à son monothéisme, il ne manque pas en même temps d'en donner les raisons psychologiques profondes : « Le peuple qui le premier est parvenu à concentrer ainsi les qualités divines n'était pas peu fier de ce progrès. Il avait dégagé le noyau paternel qui était caché derrière chaque figure de dieu » (p. 76-77). De fait, la structure œdipienne de la relation entre le croyant et Dieu s'exprime de manière plus forte avec un Dieu unique personnel « père tout-puissant ». On peut donc sans doute avancer que, dans une perspective freudienne, les religions juive puis chrétienne ont joué leur rôle culturel plus efficacement que les religions grecque et romaine. Et il se trouve qu'elles ont plus profondément marqué les sociétés qui les ont produites que les religions grecque et romaine ne l'ont fait pour la Grèce et Rome. Sans doute, dans ces deux dernières aires culturelles, la culture a-t-elle eu recours à d'autres expédients pour exiger des individus les renoncements pulsionnels nécessaires à sa survie.

Le fait que les représentations religieuses sont, dans des conditions historiques données, des satisfactions illusoires des désirs les plus archaïques et les plus radicaux des êtres humains a au moins trois conséquences fort remarquables.

1. *Œuvres complètes*, *op. cit.*, t. XI, p. 376.

La première, c'est que la religion n'a guère de chance d'être vraie. L'origine psychique des dogmes religieux, qui fonde leur force et leur efficacité, devrait les rendre en même temps absolument incroyables. C'est ce que fait remarquer Freud, à la fin du chapitre VI :

> Nous nous disons que ce serait vraiment très beau qu'il y eût un dieu créateur de mondes et une Providence pleine de bonté, un ordre moral du monde et une vie dans l'Au-delà, mais il serait toutefois très frappant que tout cela soit tel que nous devions le souhaiter (p. 93).

Toute cette machinerie théologique demeure donc à l'intérieur du psychisme humain, qui est son lieu naturel d'existence, ou, pour le dire autrement, on y reconnaît la main de l'homme. Le divin est précisément ce que nous voudrions qu'il soit parce que c'est nous qui l'avons inventé.

La deuxième de ces conséquences, c'est qu'il est au moins approximatif de dire que les humains sont des *victimes* de l'illusion religieuse. Il y a là une autre marque de la spécificité de la critique freudienne de la religion, notamment par rapport à la position « marxo-nietzschéenne ». Pour celle-ci, nous avons vu que les doctrines et les représentations religieuses étaient l'agent, à travers de fausses valeurs, d'une dénaturation ou d'une aliénation des humains. Les humains sont donc les *victimes* de cette aliénation religieuse. En fait, cette idée que les humains ont été dénaturés par de fausses valeurs – ce qui, en même temps, trace un programme de désintoxication – nous plonge dans un grand embarras, le même que celui où se sont trouvées les éthiques antiques obligées de constater l'universalité du mal tout en maintenant que les humains, étant des parties bonnes d'une nature bonne, trouvent leur épanouissement et leur bonheur dans la vertu. On a parlé du « pessimisme » freudien quand *Le Malaise dans la culture* nous présente des humains sans cesse tentés de rompre les barrières culturelles pour satisfaire leurs penchants agressifs. Mais qu'en est-il, alors, de l'homme marxiste ou de l'homme nietzschéen ? Comment faudrait-il qualifier cet acharnement des hommes à choisir, génération après génération, des systèmes de valeurs qui les rendent malheureux ? Qu'est-ce qui est le plus réconfortant, des humains agressifs ou des humains stupides, ces derniers ne manquant pas de devenir agressifs en raison de leur stupidité même ? Il faut reconnaître que Freud, tout en s'opposant radicalement, nous allons le voir, à cette conception marxo-nietzschéenne, fait néanmoins un bout de chemin avec elle, comme il l'avait fait à propos de la religion comme aliénation et comme « opium du peuple ». Dans cette conception, qui est en cela une lointaine descendante du rationalisme socratique pour lequel on ne fait ou n'accepte le mal que par ignorance, la vérité est libératrice. Freud pense, lui aussi, que les humains sont *victimes* de l'ignorance et que la science est libératrice. Quoi que soient aujourd'hui obligées de dire les Églises chrétiennes, science et religion ne seront jamais amies. Il n'en est pas moins impossible de définir principalement le rapport des humains à la religion comme celui de *victimes* à leur bourreau, parce que, pour Freud, finalement ce n'est pas vrai : dans le schéma marxiste, si la société de classes était abolie, les humains retrouveraient une intégrité que l'aliénation leur avait fait perdre et n'auraient, du même coup, plus besoin des fables de la religion, alors que dans la construction freudienne, si la religion était abolie sans être remplacée par rien, les humains se retrouveraient face à leur détresse, puisque la religion est principalement l'effet de cette détresse et non d'une exploitation de l'homme par l'homme.

La troisième conséquence, qui est d'une importance primordiale pour qui veut saisir à la fois le but et l'économie interne de *L'Avenir d'une illusion*, c'est que les croyances religieuses sont radicalement irréfutables. Selon Freud, en effet, il est inutile d'argumenter contre la religion – ce qu'il ne se prive pourtant pas de faire dans *L'Avenir d'une illusion* et dans *Le Malaise dans la culture* – parce qu'il est fondamentalement impossible de convaincre le croyant d'abandonner sa foi en usant d'arguments rationnels. C'est même l'une des raisons les plus fortes qu'il oppose à ceux qui le mettent en garde contre le péril social que représenterait une critique qui pourrait détourner les masses des croyances religieuses.

Les représentations religieuses, en effet, « qui se donnent pour des dogmes, ne sont pas des précipités de l'expérience ou d'ultimes résultats de la pensée ; ce sont des illusions, des accomplissements des désirs les plus anciens, les plus forts et les plus pressants de l'humanité ; le secret de leur force est la force de ces désirs » (p. 89). Or ce que la critique rationnelle de la religion peut apporter, c'est précisément un recours à l'expérience et au *logos.* Devant un tel enjeu affectif, on comprend que le *logos* ne soit pas de taille. Ce n'est donc pas sans préparation qu'on peut affronter les doctrines religieuses avec des *arguments.* À l'issue de ce cheminement long et difficile, Freud en arrivera à parler de son « dieu *Logos* » (p. 117). N'est-ce pas reconnaître, d'une certaine manière, que le substitut de la religion doit conserver lui-même quelque chose de sacré ?

La situation en 1927

Cette dernière propriété de l'illusion religieuse, à savoir qu'elle met la foi hors de portée de la critique rationnelle, bien que fondamentalement vraie, souffre des exceptions marginales : les progrès des sciences, par exemple, ont fait perdre leur foi à un certain nombre de croyants. Mais il faut bien que les religions soient par essence hors de portée de l'argumentation pour qu'elles aient survécu si longtemps alors même qu'elles demandaient à leurs fidèles d'adhérer à des dogmes aussi incohérents. Malgré son fort contenu antireligieux, malgré son caractère souvent polémique, *L'Avenir d'une illusion* ne peut donc tout simplement pas être un traité réfutant la religion pour en détourner les humains. Si tel était le cas, comme le pensent Pfister et ses congénères, « on pourrait certes me demander à présent, remarque Freud, pourquoi on écrit de telles choses si l'on est sûr qu'elles n'auront aucun effet » (p. 96). En tout cas, si les sciences n'ont pas été, et ne seront jamais, en mesure de réfuter les croyances religieuses, elles ont néanmoins un rôle très important à jouer dans la nouvelle attitude de la culture face à la religion.

L'Avenir d'une illusion, comme Freud l'avait annoncé d'entrée de jeu, porte donc un jugement historique global sur la situation de la religion, et plus précisément sur la religion chrétienne dans l'Europe de 1927. En ce qui concerne le passé, Freud a, sur la religion, une appréciation nuancée. D'un côté, les différentes religions ont fait preuve d'une remarquable créativité, et Freud n'hésite pas à parler d'un « trésor de représentations » (p. 75). La religion, reconnaît-il, a « manifestement rendu de grands services à la culture humaine, elle a beaucoup contribué à dompter les pulsions asociales – mais pas assez » (p. 98) : « pas assez » parce qu'elle n'a réussi à rendre les humains ni moraux ni heureux. Elle a eu, remarque Freud, « de nombreux millénaires » pour faire ses preuves, et « si elle avait réussi à rendre heureux la majorité des hommes, à les consoler, à les réconcilier avec la vie, à faire d'eux des porteurs de culture, il ne viendrait à l'idée de personne d'aspirer à un changement des conditions existantes » (*ibid.*). Mais ce n'est pas le cas. Il y a donc une faillite historique de la religion, et cela d'autant plus qu'elle a perdu de son emprise sur les esprits, « non pas parce que ses promesses sont devenues moindres, mais parce qu'elles apparaissent moins crédibles aux hommes » (p. 99). Elle endigue donc moins efficacement l'hostilité des humains envers la culture et doit laisser la place à des procédés plus efficaces. C'est en ce sens que Freud prétend qu'il y a plus de danger pour la culture à maintenir sa relation à la religion qu'à la rompre (p. 96). Ce que Freud annonce, ce n'est pas la disparition des croyants : il y a, chez les humains, un indéracinable besoin de croire et de se forger des illusions. Il ne prétend pas non plus établir que les humains vivraient plus heureux, ou moins malheureux, dans un monde débarrassé des religions, bien qu'il en soit vraisemblablement convaincu. Freud se place uniquement du point de vue des relations de la religion et de la culture. Or, de ce point de vue, il estime que la situation ne propose pas de *choix* aux humains. La religion a fait son temps et elle disparaîtra selon un processus comparable à celui de l'évolution biologique qui atrophie puis fait disparaître les organes qui n'ont plus de fonction.

Pour montrer que « se détourner de la religion [doit] s'accomplir avec la fatale inexorabilité d'un processus de croissance » (p. 105), Freud s'appuie sur des considérations psychanalytiques, ou, du moins, psychopathologiques. Pour ce faire, il développe un parallèle entre religion et névrose, qui est devenu très fameux et auquel beaucoup de lecteurs pressés réduisent le message de *L'Avenir d'une illusion* : « La religion serait la névrose de contrainte de l'humain en général ; elle serait née, comme celle de l'enfant, du complexe d'Œdipe, de la relation au père » (*ibid.*). Le terme *Zwangsneurose*, traduit par « névrose de contrainte », était jadis rendu par « névrose obsessionnelle ». Il faut rappeler les précautions avec lesquelles Freud propose ce parallèle. D'abord, il s'agit d'une « analogie » (*ibid.*) ; ensuite, la religion ne correspond pas à une seule des entités nosologiques dont la psychanalyse mais aussi la psychiatrie font usage, puisque l'illusion religieuse, même si elle présente principalement des traits qui appartiennent à la « névrose de contrainte », a aussi des caractéristiques de la psychose hallucinatoire (*amentia*) ; enfin, « la pathologie individuelle ne nous [...] donne pas de pendant pleinement valable » (*ibid.*) de ce phénomène collectif qu'est la religion. Cette parenté entre religion et névrose conduit Freud à une remarque inattendue, mais qui est devenue une opinion répandue. Quand le système religieux fonctionne, la religion sert aussi de protection contre la névrose. Dans une formule malicieuse, Freud écrit que « l'adoption de la névrose générale [la religion] le [le croyant] relève de la tâche de former une névrose personnelle » (p. 105-106), et il faut s'attendre, pense-t-il, à un accroissement considérable du nombre des névroses quand la religion aura perdu de son crédit.

Il faut aussi noter un point qui n'a, me semble-t-il, pas reçu l'attention qu'il mérite. C'est un élément de base de la vulgate freudienne que les enfants et les névrosés ont en commun de ne pas renoncer à certains des « désirs pulsionnels » (p. 108-109) auxquels les adultes normaux renoncent. Mais nous trouvons dans notre texte une formulation plus radicale : dans son développement vers l'âge adulte, l'enfant passe « par une phase plus ou moins nette de névrose » (p. 104), ces névroses étant « spontanément surmontées pendant la croissance » (*ibid.*), notamment les névroses de contrainte, qui nous intéressent particulièrement ici. Pour ceux chez qui ces névroses ne disparaissent pas d'elles-mêmes, c'est « le traitement psychanalytique [qui] doit encore mettre de l'ordre ultérieurement » (*ibid.*). Le parallèle dressé ici entre enfant et névrosé est au moins sommaire. Si l'on suit la description habituelle de Freud, en effet, le névrosé qui renonce à sa fixation à un stade infantile, grâce à une cure analytique réussie, acquiert, lors de son travail sur le divan, une connaissance, explicite et relativement claire, de ces désirs devenus inacceptables qu'il aurait dû refouler et oublier. Ce qui n'est évidemment pas le cas de l'enfant une fois devenu un adulte non analysé. Pourquoi alors, dans *L'Avenir d'une illusion*, Freud en vient-il à qualifier de névrosé l'enfant qui répond à son état de détresse par une soumission à un Père redouté et aimé, et qui développe, ce faisant, des attitudes et des pratiques qui, chez l'adulte, seraient qualifiées d'« obsessionnelles » (« de contrainte ») ? Il semble que cette « névrotisation » de l'enfant dans *L'Avenir d'une illusion* soit en quelque sorte induite par le parallèle que Freud tente entre la névrose individuelle et la religion comme névrose collective. C'est parce qu'il qualifie la religion de névrose et que par ailleurs la période dans laquelle la religion joue pleinement son rôle est celle où les humains sont maintenus dans une enfance perpétuelle [1], que Freud présente l'enfant comme un névrosé, ce qu'il ne fait ordinairement pas de manière aussi directe.

Freud pousse la comparaison de l'humanité avec un individu assez loin. Si la religion ne peut plus remplir le rôle culturel qu'elle a rempli tant bien que mal dans le passé, c'est parce que l'humanité est en train de sortir de

1. Voir p. 82 : « dès lors que l'individu, en grandissant, remarque qu'il est destiné à rester toujours un enfant » ; et p. 89 : « la reconnaissance de la persistance de cette impuissance tout au long de la vie ».

l'enfance : « l'infantilisme est destiné à être surmonté, n'est-il pas vrai ? L'homme ne peut rester éternellement un enfant, il doit enfin sortir dans la "vie hostile" » (p. 111). *L'Avenir d'une illusion* apparaît alors comme ce que Paul Roazen nomme « une répétition passionnée des idéaux de raison et de progrès du temps des Lumières [1] ». Vers la fin du livre principalement, l'analyse adopte parfois un ton déclamatoire et enflammé : non, l'homme n'est pas seulement un être imbécile dominé par ses pulsions ; en surmontant leur infantilisme, les humains vont aussi rompre avec leur mégalomanie et préférer être d'honnêtes petits cultivateurs sur Terre plutôt que de grands propriétaires sur la Lune ; en fin de compte, rien ne résiste à l'alliance de la raison et de l'expérience. À un moment, vers le milieu du dernier chapitre du livre, le propos devient même presque prophétique : peut-être me trompé-je, dit Freud, et suis-je dans l'illusion, mais cette illusion-là, contrairement à l'illusion religieuse, peut être corrigée par les faits ; finalement, le dépérissement inévitable de la religion ouvre une perspective exaltante :

> l'intellect parle à voix basse, mais il n'a de repos qu'on ne lui ait prêté l'oreille. À la fin, après d'innombrables refus réitérés, il trouve cependant à se faire entendre. C'est l'un des rares points sur lesquels on peut être optimiste pour l'avenir de l'humanité ; mais en soi, cela n'est pas rien. On peut lui rattacher encore d'autres espoirs. On est sûrement loin, très loin du primat de l'intellect, mais vraisemblablement, pas infiniment loin (p. 116).

« Optimiste », le terme est donc lâché, et par deux fois dans la même page, qui contraste, les interprètes l'ont tous remarqué, avec l'image bien plus angoissante que donne *Le Malaise dans la culture* d'une humanité sans cesse confrontée à l'agressivité humaine et dont on peut dire, selon une plaisanterie fameuse chez les médecins, que les moments de santé ne sont que des états instables entre deux maladies et n'annoncent rien de bon.

---

1. *Freud : Political and Social Thought*, *op. cit.*, p. 160.

Faut-il craindre que cette sortie de l'enfance ne s'accompagne d'un désastre social ? Si l'on était retenu de tuer son prochain par la crainte d'une punition divine, et si « l'on apprend qu'il n'y a pas de bon Dieu, que l'on n'a pas besoin de craindre son châtiment, alors on frappera sûrement son prochain sans scrupule et l'on ne pourra en être dissuadé que par un pouvoir terrestre » (p. 100). Mais faudra-t-il un policier derrière chaque individu et un autre derrière chaque policier ? D'où la nécessité de fonder la morale sur des bases qui ne soient pas de pure contrainte, sans pouvoir compter sur l'intériorisation des interdits et la culpabilité que savait produire la religion. Et, de fait, au début du chapitre VIII, dans un exposé de ton très hobbesien, Freud explique que les humains doivent comprendre l'intérêt qu'ils ont à ce que la société proscrive le meurtre, que l'état de nature est le pire qui soit et que le système de la vendetta, comme en Corse (Freud *dixit*), est tout aussi catastrophique. Freud semble donc s'acheminer vers la recommandation de proposer aux gens de son temps le remplacement de la morale sociale largement fondée sur des représentations religieuses, qui est encore prévalente, par une éthique laïque et rationnelle, sans doute de type utilitariste. Le rôle du développement des sciences dans l'accession à la maturité, sinon de l'humanité tout entière, du moins de ses composantes « avancées », est fondamental. Et Freud pense que la psychanalyse a joué un rôle non négligeable dans ce processus, puisqu'elle est à l'origine du dernier des trois grands démentis infligés par la science à la mégalomanie humaine, celui qui prive la conscience du contrôle du moi. Nous verrons, à la fin de cette introduction, que Freud assigne à la psychanalyse un rôle beaucoup plus important encore dans la critique antireligieuse.

Mais un obstacle formidable se dresse sur la voie de cette transformation de la morale humaine. Nous avons vu, en effet, que religion et science, bien qu'elles soient ennemies par nature et par destination, n'avaient pas vraiment de lieu de rencontre et donc de champ de bataille commun. L'une, en effet, en procurant des satisfactions illusoires aux désirs humains, s'évite tout risque de réfutation, alors que l'autre construit un discours objectif vérifiable et falsifiable. Ce qui est vrai pour les sciences l'est, d'ailleurs, pour tout discours rationnel en général. Sur cette difficulté viennent s'en greffer deux autres. On peut, d'abord, se demander quelle est l'efficacité réelle des sciences sur une société tout entière dans laquelle les savants sont évidemment une minorité, alors même que le discours scientifique devient de plus en plus difficile à comprendre pour les non-initiés. Quel est, ensuite, l'effet scientifique de la psychanalyse dont la scientificité est pour le moins problématique ? Commençons donc par ce dernier point.

La question de la scientificité de la psychanalyse est l'un des problèmes les plus importants, peut-être le problème le plus important, concernant son statut lui-même. Depuis le début de sa carrière en psychologie, Freud a revêtu la psychanalyse d'oripeaux scientifiques. Au sens strict, d'abord, la psychanalyse se donne comme « une part de la psychologie ; elle n'est d'ailleurs pas une part de la psychologie médicale au sens ancien, ni de la psychologie des processus morbides, mais de la psychologie tout court, certes pas la totalité de la psychologie mais son soubassement, peut-être bel et bien son fondement [1] ». D'où cette licence que Freud accorde à la discipline qu'il a fondée de considérer et d'interpréter les phénomènes culturels, et notamment les faits religieux. Mais il y a loin des proclamations programmatiques à la pratique effective. Sans jamais citer Claude Bernard, c'est un schéma bernardien qu'il applique à sa pratique : on fait des hypothèses pour expliquer des phénomènes – qui sont souvent des symptômes –, on vérifie expérimentalement ces hypothèses, et, enfin, après maint aller et retour entre hypothèses et expériences, une règle ou une loi est formulée. La « pratique » analytique, la « cure », est le lieu par excellence de cette expérimentation. Quand on connaît les âpres querelles qui, tout au long de l'histoire de la psychanalyse, se sont développées à propos de la

1. *La Question de l'analyse profane*, in *Œuvres complètes*, *op. cit.*, t. XVIII, p. 80.

nature et des modalités de la cure psychanalytique, notamment à l'occasion des discussions qui finirent par devenir conflictuelles entre Freud d'un côté et Otto Rank et Sandor Ferenczi de l'autre [1], on voit que le bernardisme freudien est largement mimétique. On connaît par ailleurs la suspicion planant sur les « cas » fameux sur lesquels Freud étaye ses conclusions : non seulement certains exemples donnés comme issus de séances d'analyse semblent au moins partiellement reconstruits, sinon largement inventés, mais les plus fameux d'entre eux – l'Homme aux rats, l'Homme aux loups, Dora – ne démontrent pas de manière éclatante les vertus thérapeutiques de la psychanalyse…

C'est parce qu'il la conçoit comme une science que Freud refuse de considérer que la psychanalyse produit une *Weltanschauung*, une conception du monde [2], puisque, même s'il y a une conception du monde scientifique, ce ne sont pas les sciences qui la produisent. Sur ce point, Oskar Pfister a raison, et il s'exprime avec une redoutable efficacité :

> Freud est un positiviste et on peut remercier Dieu pour cela. Sans son attachement marqué à l'approche empirique, il ne serait pas devenu le grand pionnier qu'il est. On peut donc pardonner à un pionnier qui réussit aussi brillamment si, quand il tente de dissiper l'illusion religieuse, il établit un messianisme de la science, sans se rendre compte que dans cette croyance aussi l'illusion prospère [3].

Or, comme le dit justement Yvon Brès, « la foi dans la science n'est pas scientifique, mais idéologique [4] ». Ce scientisme de Freud a été encore durci par la lecture qui a été faite de l'œuvre freudienne en France dans l'après-guerre et jusque dans les années 1980, alors que régnait, largement sous l'influence du marxisme, une sorte de terrorisme du scientifique. Selon cette position, comme l'affirme Brès,

---

1. Voir à ce propos le livre passionnant d'Anne Millet, *Psychanalystes, qu'avons-nous fait de la psychanalyse ?*, Paris, Le Seuil, 2010.
2. Voir la lettre à O. Pfister du 16 février 1929 citée *supra*, p. 12.
3. « L'Illusion d'un avenir », art. cit, p. 570.
4. *Critique des raisons psychanalytiques*, Paris, PUF, « Perspectives critiques », 1985, p. 68.

« tout discours doit, pour être valable, relever de la science [1] ».

On ne peut évidemment pas traiter le problème de la scientificité de la psychanalyse ici, mais on peut accepter dans ses grandes lignes la position de Brès [2], qui est à la fois subtile et de bon sens. Il y a deux thèses qu'il faut rejeter. D'abord, comme nous l'avons vu, qu'en dehors de la science il n'est point de salut ou, en tout cas, de sérieux ; ensuite qu'une construction intellectuelle est soit entièrement scientifique, soit entièrement idéologique, ce dernier terme ayant évidemment une connotation péjorative. Brès répond que le discours freudien n'est pas uniformément scientifique, à la fois parce que le *corpus* freudien est un assemblage d'éléments scientifiques et d'autres qui ne le sont pas, et parce que la scientificité qui y est à l'œuvre « est multiple, hétérogène, éparpillée [3] » en ce qu'elle relève de plusieurs modèles. Si l'on cesse de tenir le mot « idéologie » pour une grossièreté ou une injure, on peut considérer que beaucoup de concepts clés de la psychanalyse relèvent de l'idéologie, par exemple le couple pulsions de vie/pulsions de mort, ou encore l'Œdipe, dans lequel Brès voit une composante d'une idéologie de type religieux : « si la psychanalyse invente la culpabilité œdipienne comme la religion judéo-chrétienne a inventé le péché, elle balbutie également une parole "rédemptrice" [4] ». L'intérêt d'une telle approche dans la conjoncture où nous nous trouvons à ce point de nos réflexions sur *L'Avenir d'une illusion* est évident : par sa composante idéologique, et même idéologique religieuse, la psychanalyse pourra trouver, sinon un terrain d'entente, du moins un espace d'affrontement avec la religion. Cela paraît insuffisant pour mettre la croyance à la merci d'une réfutation rationnelle, mais il y a néanmoins là un fait fondamental dont l'importance réelle apparaîtra plus loin.

1. *Ibid.*, p. 54.
2. Dans le chapitre III de son ouvrage cité, « La psychanalyse comme idéologie religieuse ? ».
3. *Ibid.*, p. 59.
4. *Ibid.*, p. 64.

Il faut finir par en venir, après l'avoir plusieurs fois annoncé, au dernier mot de Freud sur les sciences et leur effet sur le devenir des croyances religieuses. On ne peut traiter de ce problème qu'à travers une grande distinction qui se retrouve dans tous les textes « politiques » de Freud, celle qu'il établit entre les « masses » et les gens cultivés. Il ne s'agit pas ici de l'opposition entre l'élite économique et la masse des gens, c'est-à-dire les riches et les pauvres – dont Freud reconnaît aussi ailleurs, par exemple dans *Le Malaise dans la culture*, que l'attitude envers la culture n'est pas la même parce que les uns profitent beaucoup plus que les autres de ses avantages. Ainsi, la satisfaction procurée par les arts « reste généralement inaccessible aux masses » (p. 69). Si les deux oppositions (cultivés/incultes et riches/pauvres) se recoupent assez largement, au point que Freud parle « des incultes, des opprimés » (p. 100), la distinction ici opérée se fait par rapport à la science, ou à ce que Freud appelle « l'esprit scientifique ». Les gens cultivés accepteront facilement de troquer l'ancienne morale fondée sur la religion contre une morale laïque et rationnelle, d'abord parce qu'ils sont largement touchés par le scepticisme ou l'agnosticisme qui s'était répandu dans la société du temps de Freud et qui a continué à se répandre, ensuite parce qu'ils sont, bien plus que les gens incultes, en faveur du maintien des règles d'une culture qui les protège et les favorise, enfin parce qu'ils sont plus sensibles que les masses aux argumentations scientifiques.

Pour ce qui est de la masse, les choses sont différentes, mais le développement de l'agnosticisme et de l'esprit scientifique chez les gens cultivés y a au moins deux effets. D'abord, et contre ceux qui disent qu'il faut maintenir le fondement de la morale sur les croyances religieuses à l'usage du peuple même si les élites sont gagnées par l'athéisme – un peu à la manière de Voltaire attendant que les domestiques soient sortis pour afficher son scepticisme –, Freud répond que les choses finissent toujours par se savoir et que, dans l'intérêt de la culture, il vaut mieux envisager tout de suite de « réviser de fond en comble la relation entre culture et religion » (p. 100). Ensuite, il remarque que les gens incultes « sont prêts à accepter les résultats de la pensée scientifique, sans que le changement apporté en l'homme par la pensée scientifique se soit établi en eux » (*ibid.*), remarque dont nous notons à chaque instant la justesse pour les sociétés hyper-technologiques comme la nôtre, dans lesquelles même les ignorants sont dans une sorte de symbiose avec les sciences ou, du moins, leurs applications techniques, sans évidemment en maîtriser les fondements théoriques. Un exemple particulièrement intéressant pour nous en est la réception des phénomènes religieux que l'on pourrait dire excessifs. Au XVIIe siècle, les manifestations de piété d'une Marguerite-Marie Alacoque – entre autres choses, recevoir les stigmates du Christ, lécher les vomissures et les excréments des malades, s'enfoncer des aiguilles dans les doigts – étaient attribuées à une relation très forte avec le divin. Aujourd'hui, même parmi les croyants, on en a spontanément une interprétation plus rationnelle et on les transfère plutôt dans le domaine de la psychologie et plus précisément de la psychologie pathologique. Encore que Marguerite-Marie n'a été canonisée qu'en 1920... Quant aux « masses », qui, au XVIIe siècle, considéraient de tels comportements avec admiration et effroi, l'atmosphère scientifique dans laquelle elles baignent aujourd'hui, malgré leur ignorance des sciences, ne les prédispose certainement pas à l'indulgence face à des manifestations de ce genre... Des « gens incultes », en effet, Freud a déjà reconnu que, même si leur manière de penser n'est pas à proprement parler *informée* par l'esprit scientifique, ils adoptent les résultats de cette pensée scientifique. Mais il franchit un pas de plus en relevant qu'« ils cessent de craindre la religion quand ils remarquent que d'autres ne la craignent pas non plus » (p. 108). Il faut donc bien répéter que Freud ne recourt pas aux sciences pour *réfuter* les dogmes religieux. C'est par leur *effet social* que les sciences minent la base de la religion.

Il est cependant à craindre que, du moins en ce qui concerne les « masses », la place de la religion ne reste partiellement, et peut-être largement, vide. Certes, les gens de l'époque de Freud aussi bien que de la nôtre vivent dans un environnement où les sciences sont massivement présentes. Surtout, la religion encadre de moins en moins l'éducation dispensée aux jeunes gens, or on sait bien que c'est principalement par l'éducation que se transmettent les idées religieuses. Mais il n'est pas sûr que la crédulité de nos contemporains, y compris dans les pays « développés », soit moindre que celle de nos ancêtres, ni que le besoin de croire soit moins fort, quitte à croire n'importe quoi. L'obstacle majeur auquel se heurte toute tentative de faire progresser les Lumières reste le même : la religion n'a pas été défaite parce qu'elle ne peut pas l'être. En revanche, aussi bien parmi les élites que dans les masses, elle ne remplit plus sa fonction sociale qui consistait à obtenir les renoncements pulsionnels souhaitables de la part des individus.

En fait, l'argumentation de Freud semble assez faible et sa conviction mal assurée. Face à la crainte des classes dominantes qu'une morale qui n'est pas fondée sur la religion ne remplisse pas son rôle social, Freud répond que, de toute façon, la situation qui est celle de son époque ne permet plus d'espérer de pouvoir continuer à établir la morale sur des bases religieuses. Et parmi la salve des arguments qu'il propose dans *L'Avenir d'une illusion*, l'un des principaux est que, étant donné le fiasco de la tentative de réconcilier les masses populaires avec la culture par le biais de la religion, il *vaut la peine* d'essayer quelque chose d'autre. Et quand Freud affirme que si cela échoue il est « prêt à abandonner cette réforme et à revenir au jugement précédent, purement descriptif : l'homme est un être de faible intelligence, qui est dominé par ses désirs pulsionnels » (p. 110), il n'y a nulle raison d'y voir l'expression de l'ironie de quelqu'un qui est sûr qu'il n'en sera rien.

La flèche du Parthe

Le résultat auquel Freud semble parvenir dans sa tentative de remplacer une morale fondée sur les dogmes religieux par une éthique laïque et rationnelle est d'autant plus compromis que la religion n'a pas dit son dernier mot. À son habitude, Freud propose une argumentation dont c'est un euphémisme de dire qu'elle n'est pas linéaire. Jusqu'au chapitre VI inclus, il analyse la religion, ses objectifs, ses fonctions culturelles et sa nature qui est celle de l'illusion. D'une certaine manière, si l'on accepte la prétention freudienne à ce que la psychanalyse soit une science, on a là une analyse scientifique de la religion. Ce n'est qu'ensuite qu'il propose de substituer à la morale religieuse une morale laïque, mais d'une manière fort chancelante, car il est difficile de croire que la rationalité puisse ériger contre la haine que les masses portent à la culture une barrière aussi solide que celle que, siècle après siècle, la religion avait construite. Et cela d'autant plus qu'il a laissé derrière lui une remarque qu'il n'a guère développée, mais dont l'effet se fait maintenant sentir : une bombe à retardement. Or cette bombe-là donne un avantage nouveau et exorbitant à la religion.

Ce retournement est opéré au chapitre VIII. Freud y rappelle que la force de la morale fondée sur la religion, c'est que ses règles sont, directement ou non, des commandements divins. Plus précisément, selon le mythe freudien [1] exposé dans *Totem et tabou*, c'est le meurtre du Père tyrannique archaïque et sa consommation par les fils qui suscita, comme le dit *L'Avenir d'une illusion*, « une réaction affective irrésistible et lourde de conséquence » (p. 103). On sait que, selon Freud, après le meurtre du Père primitif, la horde qu'il dominait vécut une période de « droit maternel », avant que la culture au sens où nous l'entendons ne naquît quand la classe des frères désormais en charge du pouvoir institua des rapports sociaux soumis à des règles. L'agressivité des fils à l'égard du Père archaïque, une fois celui-ci tué et

1. Voir le passage sur le mythe scientifique dans l'introduction au *Malaise dans la culture*, *op. cit.*, p. 12.

dévoré, s'intériorisa alors en un fort sentiment de culpabilité qui contribua puissamment à la constitution d'un surmoi aussi bien individuel que collectif. Le résultat principal de tout cela est que, comme entend aussi le montrer *Totem et tabou*, le complexe d'Œdipe structure aussi bien le moi individuel que le moi collectif. Le précepte « Tu ne tueras point », d'abord appliqué (mais un peu tard...) au seul Père archaïque, fut ensuite élargi aux membres du clan, puis à des cercles de plus en plus larges. Meurtre, cannibalisme, culpabilité, inceste : c'est dans un contexte d'extrême intensité affective que ce précepte s'imposa aux individus. Comme il était prescrit d'abord au nom d'un Père, puis à travers diverses figures paternelles, au nom d'un Dieu tout-puissant, il a acquis aussi une force surhumaine. Si l'on tient compte, par ailleurs, de ce qui est peut-être le point essentiel de toute la psychologie freudienne, à savoir que les expériences affectives fortes de la petite enfance se transmettent à travers les générations, on voit que l'interdit, quand il est énoncé sous la forme religieuse du « Tu ne tueras point », est solidement fondé, parce qu'il est assis sur des expériences originaires communes à toute l'humanité.

Freud reconnaît que non seulement un fondement rationnel du précepte « Tu ne tueras point » ne parvient pas à la force extraordinaire qu'il avait acquise dans un système religieux, mais aussi que la version religieuse du précepte possède une vérité que sa version rationnelle n'a pas. Freud qualifie cette vérité d'« historique » :

> le déplacement sur Dieu de la volonté humaine est pleinement justifié, car les hommes savaient qu'ils avaient violemment éliminé le père, et en réaction à leur acte sacrilège, ils se sont proposé de respecter dorénavant sa volonté. La doctrine religieuse nous fait donc part de la vérité historique, certes un peu transformée et déguisée ; notre explication rationnelle la dénie (p. 104).

Même si c'est à travers des travestissements la plupart du temps délirants, le système religieux des interdits nous raconte néanmoins une histoire qui est la nôtre, et c'est pour cela que nous y sommes tellement sensibles. L'analyse rationnelle selon laquelle admettre l'homicide est dangereux pour tous n'a pas cette force. Nous voyons donc maintenant que la religion est soutenue par deux piliers : elle accomplit nos désirs, mais elle nous parle aussi de notre histoire la plus intime. Évidemment, une morale utilitariste est incapable d'envoyer au moi profond des individus d'intenses messages subliminaux de ce genre.

Nous sommes maintenant dans une position à la fois singulière et inconfortable puisque, au terme de l'analyse freudienne, la religion est une illusion qui nous dit la vérité. Non seulement la vérité sur nos désirs, ce qui est l'apanage de toute illusion, mais la vérité sur notre relation au monde humain. On pense ici aux mythes platoniciens qui entendent dire une vérité enfouie, ou en tout cas difficile d'accès, sous une forme imagée. Mais, chez Platon, la vérité, une fois exprimée de manière non mythique pour ceux qui sont capables de la comprendre, ne doit rien perdre du contenu de vérité du mythe. Comment retrouver cette vérité enfouie dans l'éthique rationnelle et laïque que Freud entend substituer à la morale divinement fondée ?

Ne faut-il pas, alors, prendre au sérieux l'une des critiques du pasteur Pfister, selon laquelle, par son scientisme, Freud instaure une nouvelle religion ? Et Pfister de rappeler le cas d'Auguste Comte, précurseur de Freud en positivisme et pour qui le cheminement de l'humanité finit en religion... Freud n'invite-t-il pas les masses ignorantes qui ne croient plus en Dieu, ou plus assez pour que ce soit culturellement efficace, à croire en la science ? Du coup, elles pourraient retrouver la possibilité de refonder leur morale sur des croyances. On peut penser que ce moyen fut employé, de manière volontaire voire machiavélique ou non, ceci est un autre débat, par la pensée des Lumières, et continue de l'être largement de nos jours. Beaucoup d'encre a ainsi coulé à propos de la refondation « scientifique » des interdits moraux, par exemple sexuels : ce n'est plus Dieu qui menace le masturbateur du sort d'Onan, c'est le médecin qui lui laisse entrevoir une foule de maux s'il ne met pas fin à son « vice [1] ». Et, de fait, comme Freud l'a noté à propos de son

1. Voir le fameux livre de Samuel Auguste Tissot, *L'Onanisme. Dissertation sur les maladies produites par la masturbation*, publié en 1760. C'est Tissot qui semble

époque, la masse de nos contemporains est, à l'égard des sciences, non pas dans une relation de savoir, mais de croyance. Outre le fait qu'elle va contre les désirs les plus profondément enracinés des humains, quelle *histoire* la science va-t-elle raconter qui puisse prendre la place de celle de la geste primitive ? De quelles forces dispose cette nouvelle éthique scientifique ?

Freud platonicien ?

Face à la refondation de la morale que propose Freud, l'humanité se divise non pas en deux catégories, mais en trois. Il y a, d'abord, la masse des gens incultes, qui subissent l'effet de l'importance de plus en plus grande des sciences dans la société, sans en maîtriser intellectuellement le fondement. Il vaut la peine, dit Freud, de leur proposer une morale rationnelle en remplacement de la morale fondée sur la religion qui, de toute façon, ne fonctionne plus de manière satisfaisante. Il y a, ensuite, l'élite, c'est-à-dire les intellectuels, qui, eux, ont une vision relativement objective et complète – parfois même très précise dans un domaine donné – de la réalité des sciences. Pour eux, nous l'avons vu, l'adoption d'une morale rationnelle justifiée par l'intérêt commun ne comporte pas de grande difficulté, notamment parce que rien ne leur paraît plus dommageable qu'une suspension des règles de la culture. Mais il y aussi une catégorie de gens qui, tels les philosophes de l'allégorie platonicienne de la caverne, sont allés voir la vérité derrière l'apparence des choses. Ces gens-là sont évidemment les psychanalystes. Eux, et eux seuls, en effet, à la fois connaissent la nature de l'illusion religieuse, décryptent le voile symbolique dont le dogme religieux couvre la saga œdipienne des humains et comprennent les avantages qu'il y a à fonder les prescriptions éthiques sur des bases ration-

---

avoir le premier donné le nom d'« onanisme» à la masturbation, alors que, dans la Bible, le malheureux Onan ne fut point puni de mort pour masturbation, mais pour *coitus interruptus*, puisqu'il ne voulait pas engrosser la femme de son défunt frère.

nelles. Pourtant, le dévoilement qu'opère le travail analytique n'est pas purement et simplement assimilable à la dissipation des ténèbres de l'ignorance par le soleil de la science. C'est ici que ce qui a été dit plus haut sur le statut théorique composite de la psychanalyse peut nous être utile. La cure analytique n'est pas un cours de psychologie que le patient vient prendre auprès de son analyste. C'est la mise en scène, laborieuse et risquée, de l'histoire du sujet, dont les moments décisifs et pathogènes sont revécus, avec une production d'affects qui vont de la fureur à la sidération. On sait quel rôle le transfert de ces affects sur l'analyste joue dans la cure. Là aussi la référence à Platon vient à l'esprit quand on se rappelle l'explosion de violence qui accompagne la redescente des philosophes dans la caverne. La psychanalyse offre donc *une histoire alternative* à celle que la religion raconte au croyant, à ceci près qui, à vrai dire, est fondamental, que cette histoire nouvelle est adressée sans travestissement à la conscience du sujet. On aperçoit alors l'enjeu de la position sans cesse réaffirmée par Freud, contre toutes les oppositions, selon laquelle l'analyse n'est pas une psychopathologie. Elle est la partie principale « de la psychologie tout court » et parle du psychisme humain en général. Qu'en est-il alors des relations entre la psychanalyse et les « masses » ? Leur histoire reste à faire, dont l'une des figures de proue serait Anton von Freund, riche industriel hongrois, mécène du mouvement psychanalytique naissant, qui voulait ouvrir des dispensaires où les bienfaits de la cure analytique auraient été offerts aux démunis.

Il me semble que ceci complète significativement le portrait du psychanalyste que nous a transmis l'œuvre de Freud. Dans une de ses lettres à Oskar Pfister souvent citée (25 novembre 1928), Freud écrit :

> Je ne sais si vous avez saisi le lien secret qui existe entre l'« Analyse par les non-médecins » [*La Question de l'analyse profane*] et l'« Illusion » [*L'Avenir d'une illusion*]. Dans l'un je veux protéger l'analyse contre les médecins, dans l'autre contre les prêtres. Je voudrais lui assigner un statut qui n'existe pas encore, le statut de pasteurs d'âmes *séculiers* qui n'auraient pas besoin d'être médecins et pas le droit d'être prêtres.

Comment comprendre cela ? Y a-t-il une sorte de tentation platonicienne chez Freud ?

La cité idéale serait composée, sinon de psychanalystes, du moins d'individus ayant tous, grâce à la psychanalyse, « remplac[é] les succès du refoulement par les résultats d'un travail rationnel de l'esprit » (p. 106). D'une certaine manière, cette société idéale est le clone de la société dans laquelle tout le monde partage une même foi religieuse et où chacun prend cette foi comme élément principal pour guider sa vie. Il n'est pas sûr qu'une telle société religieuse ait jamais existé, même au plus profond du Moyen Âge. Mais c'est un clone parvenu à une sorte de conscience de soi. Il n'est plus besoin de tout l'édifice mental de la religion – par exemple la saga absurde d'un Dieu qui ne consent à pardonner aux humains le péché de leurs premiers parents qu'en sacrifiant son fils qui s'était incarné, ou l'idée délirante de la présence réelle du Christ dans le pain et le vin – pour expliquer aux humains à la fois leur être-au-monde, leurs complexes (au sens général où un complexe est « un ensemble plus ou moins organisé de traits personnels [1] ») et les valeurs éthiques auxquelles ils doivent adhérer. Cette cité idéale serait l'équivalent d'une cité entièrement composée de philosophes, une situation que Platon lui-même, qui n'est pourtant pas rebuté par l'utopie, considère comme inimaginable.

Freud, cependant, se sépare de ce qui pourrait être une attitude platonicienne sur au moins deux points fondamentaux. D'abord il ne revendique pas le pouvoir pour ses philosophes à lui, c'est-à-dire les psychanalystes. Le pouvoir doit revenir à des leaders dont les qualités sont plutôt des vertus de caractères qu'une excellence théorique. Les dirigeants politiques sont en effet les instruments privilégiés de la culture, laquelle compte sur eux pour endiguer les pulsions antisociales des individus. Par un mélange, dont les proportions sont difficiles

1. J. Laplanche et J.-B. Pontalis, *Vocabulaire de la psychanalyse*, Paris, PUF, 1967 p. 73.

à évaluer, de politesse diplomatique [1] et de naïveté, Freud avait envoyé en 1933 à Mussolini son opuscule *Pourquoi la guerre?* avec la dédicace : « De la part d'un vieil homme qui salue dans le dirigeant le héros de la culture. » Je pense que si l'on examinait les choses d'un peu plus près, on trouverait chez Freud une position plus aristotélicienne que platonicienne sur le point qui nous occupe. Pour Platon, en effet, il y a une science unique, celle que dans *La République* il appelle la « dialectique », qui est science de toutes choses, si bien que c'est celui qui sait, le philosophe en l'occurrence, qui est le meilleur dans tous les domaines – meilleur mathématicien, meilleur menuisier, mais aussi meilleur gouvernant. Aristote, en revanche, en posant une différence de nature entre savoir théorique et savoir pratique, est amené à penser que ce n'est pas le même individu qui est excellent dans le domaine de la connaissance pure et dans le domaine de l'action. L'excellence du premier sera la *sagesse* (*sophia*), celle du second la *prudence* (*phronèsis*). Le philosophe pourra donc être conseiller ou professeur du prince – ce qu'Aristote fut lui-même pour Alexandre le Grand, avec un succès mitigé –, mais pas gouvernant, parce qu'il n'en a pas la capacité : Anaxagore, le philosophe, et Périclès, l'homme politique, incarnent deux types de vertus différents et irréductibles l'un à l'autre.

Le second point fondamental qui écarte Freud d'une position platonicienne, c'est qu'il préfère la perte d'une partie de la vérité au mensonge. Dans le livre III de *La République*, Socrate explique que les gouvernants et eux seuls sont autorisés à mentir aux citoyens pour le bien de la cité (389b), et, un peu plus loin (414d *sq.*), il donne un exemple, particulièrement lourd de signification pour des psychanalystes, de mensonge politique : il s'agit de faire croire aux citoyens qu'avant leur naissance ils ont été modelés par un dieu au sein de la terre, les uns avec de l'or, d'autres de l'argent, d'autres du fer et du bronze. Leur situation dans la hiérarchie politique dépendra évidemment de la place de leur métal constituant dans la hiérarchie de

1. Freud avait plusieurs choses à obtenir de Mussolini, et notamment la permission pour la revue italienne de psychanalyse de paraître à nouveau.

valeur des métaux. Il s'agit là d'un exemple de morale sociale religieusement fondée, avec ce caractère supplémentaire qu'elle est le fruit d'un mensonge politique conscient. Or l'analyste *n'a pas le droit* de « raconter des histoires » comme le font le prêtre et Socrate, quand bien même, sous leur déguisement symbolique, ces histoires auraient quelque chose de profondément vrai. Et il n'a pas plus le droit de faire une utilisation intimidante, voire terroriste, de la science. Il y a notamment un point de divergence entre religion et psychanalyse qui est de la plus grande importance pratique, c'est que celle-ci ne peut faire usage de contrainte, ce dont celle-là ne s'est guère privée. Non seulement on ne peut pas amener des gens de force sur le divan comme on en a baptisé de force, mais on ne peut pas non plus menacer les récalcitrants de l'enfer, même de l'enfer de la névrose. Par ailleurs, si les psychanalystes deviennent des « pasteurs d'âmes séculiers », ne retombe-t-on pas dans les difficultés déjà signalées, à savoir que ne viendront à eux que des gens déjà détachés de la religion ?

Conclusion

Au moment où Freud écrit *L'Avenir d'une illusion*, la religion conserve dans la société où il vit un poids considérable. Six ans après la parution de son ouvrage, il reconnaît qu'elle est la seule force qui peut rivaliser avec la science [1]. De plus, la majorité de ses contemporains, y compris parmi les gens cultivés, pensaient que la tranquillité publique courrait un grave danger si l'athéisme ou l'agnosticisme touchait les

1. *Nouvelle suite de leçons d'introduction à la psychanalyse*, in *Œuvres complètes*, *op. cit.*, t. XIX, p. 244 : « des trois puissances qui peuvent contester à la science son bien-fonds, seule la religion est l'ennemi sérieux ». Les deux autres sont l'art et la philosophie. Ces « leçons » prennent la suite des *Leçons d'introduction à la psychanalyse*, publiées entre 1915 et 1917, peut-être l'ouvrage le plus fameux de Freud sous le titre d'*Introduction à la psychanalyse*. Ces « nouvelles leçons » sont numérotées de 29 à 35, pour faire suite aux vingt-huit premières. Il faut relire la trente-cinquième et dernière leçon intitulée « D'une vision du monde », qui porte sur le conflit entre science et religion, en parallèle à la lecture de *L'Avenir d'une illusion*.

masses. Aujourd'hui nous savons d'expérience, du moins en France, que Freud avait raison de prévoir qu'il n'en serait rien : la fin de la croyance religieuse chez la plupart des membres d'une société ne précipite pas celle-ci dans le désordre et le crime. Toutefois cela n'est pas reconnu partout. Ainsi aux États-Unis, il semble qu'une majorité de gens pense que la croyance en un Dieu – n'importe lequel : sur ce point, les Américains sont un modèle de tolérance – est le meilleur soutien à une morale, alors que l'athée est suspect d'immoralisme.

Donc la bête dont Freud a annoncé la mort bouge encore. Mais ce qui est peut-être le plus frappant dans ce que montre *L'Avenir d'une illusion*, c'est qu'en ce qui concerne la religion, il n'y a que la psychanalyse qui puisse la détruire sans qu'il en reste rien. Du point de vue du contenu doctrinal de la religion, d'abord, la psychanalyse, pour ce qui est de la formation des concepts religieux, au premier rang desquels celui de Dieu, en rapporte la genèse à l'histoire du développement psychique humain. Du point de vue de la culture, la fin de la fondation religieuse des interdits ne peut être assumée que par ceux qui sont au moins instruits de psychanalyse – ce qui ne veut nullement dire qu'ils respecteront plus facilement ces interdits. Chez les autres, il reste une nostalgie, une béance dans laquelle, on l'a souvent vu, peuvent s'engouffrer bien des constructions mentales irrationnelles qui, souvent, reprennent certains traits de la religion. Au début du chapitre VIII de *L'Avenir d'une illusion*, Freud rapporte l'histoire de saint Boniface, qui abattit l'arbre sacré des Saxons, provoquant la terreur de ceux-ci qui se mirent à attendre une vengeance divine. Il donne cette anecdote comme une illustration des périls redoutés qui ne viennent pas : il veut montrer qu'une fois la religion largement éradiquée de la société, les catastrophes prédites par certains ne se produiront pas. Mais l'exemple est ambigu. Saint Boniface, en effet, n'a pas remplacé les superstitions saxonnes par une conception rationnelle du monde, mais par la foi chrétienne. La critique d'un christianisme chancelant peut sans doute en entraîner la chute, mais pourra-t-elle faire obstacle à l'avènement de nouvelles croyances ? Quand on s'est libéré de la foi religieuse, ce que *L'Avenir d'une illusion* nous promet au mieux ce ne sont peut-être que des lendemains qui chantonnent à mi-voix.

Pierre PELLEGRIN

NOTE DU TRADUCTEUR

Si Freud est un médecin accoutumé au vocabulaire spécialisé de sa profession, il est aussi un lettré nourri aux œuvres de Goethe, Schiller ou Heine, qu'il aime à citer en maintes occasions. S'il élabore une méthode interprétative inouïe à son époque, il reste attentif à se faire comprendre et attache une importance particulière à l'exposition pédagogique. Pour ces deux raisons au moins, il répugne – en particulier dans ses écrits consacrés à l'interprétation de la culture – aux néologismes et aux barbarismes qui pourraient obscurcir le langage d'une démarche déjà redoutablement complexe pour ses contemporains. Comme tous les penseurs classiques auxquels il se rattache par sa foi dans la communicabilité du langage et de la Raison, il s'appuie sur un vocabulaire usité pour dire des choses rares, et instrumentalise une langue traditionnelle pour y produire des significations nouvelles. C'est pourquoi il nous a semblé inopportun de croire se faciliter la tâche en traduisant Freud au moyen de barbarismes calqués sur la morphologie allemande, et plus encore d'alimenter, en les reproduisant, les décisions lexicales désormais figées d'une certaine orthodoxie française, quelle que soit sa valeur de référence par ailleurs. L'esprit de système étant, en outre, souvent nuisible à la pertinence de la traduction, il n'est pas vrai que le principe de biunivocité, qui consisterait à traduire systématiquement un même mot allemand par un même mot français, produise des correspondances fidèles. Faute d'une transparence fantasmatique du transfert linguistique, c'est donc la simplicité et la souplesse qui doivent présider à la traduction – activité pragmatique s'il en est – du texte freudien. Ainsi

Wunsch, pour désigner communément un « souhait », correspond aussi, selon le contexte, plus franchement à un « désir » ; *Lust* peut être, selon le cas, « plaisir », « désir » ou « envie » ; *Angst*, que l'on traduit si décidément par « angoisse », se révèle pourtant rester fondamentalement une « peur », et le caractère inédit de sa signification (l'idée d'une peur inconsciente) déplace les enjeux mais non le terme. Enfin, si nous manquons d'un mot calqué sur le fréquent *hilflos* (état de celui qui, tel l'enfant, ne reçoit pas d'aide ou ne peut s'aider soi-même), nous devrons nous contenter du terme « impuissant », qui pourra glisser contextuellement vers « désemparé », « en désarroi » ou « sans secours » (par exemple si *Ohnmacht*, qui correspond littéralement à « impuissance », apparaît dans sa proximité).

Ces remarques n'intéresseraient que le laboratoire privé d'un traducteur si, à chaque pas, il ne se voyait jugé publiquement par l'orthodoxie à l'aune de tableaux de correspondances qui ont tenté d'avoir force de loi. On a pu prétendre enfin que seuls des psychanalystes étaient habilités à traduire Freud : comme si l'on voulait rejouer à propos de la traduction le conflit autour de l'analyse profane, quand, de toute manière, nous ne pratiquons pas, comme traducteurs de métier, de « traduction profane ». Et j'entends par « nous » ces traducteurs qui, depuis peu, ont enfin acquis le droit de faire leur métier sur le texte freudien, patrimoine de la langue allemande [1].

Dorian ASTOR.

1. L'œuvre de Freud est entré dans le domaine public au 1er janvier 2010. Pour Élisabeth Roudinesco, « c'est un moment de liberté. Freud va enfin échapper à l'emprise des psychanalystes ! J'attendais ce moment depuis des années. Jusqu'ici, l'IPA, l'Association internationale de psychanalyse, était seule habilitée à recruter des traducteurs. Or l'IPA est devenue corporatiste. Elle a fait de Freud l'otage des "freudologues" : pour eux, il ne parle pas l'allemand mais le "freudien" » (entretien pour *Sud-Ouest Dimanche*, 10 janvier 2010).

L'AVENIR D'UNE ILLUSION

Les notes de bas de page, appelées par des astérisques, sont de Freud.

Les notes de fin de volume, appelées par des chiffres, sont de Pierre Pellegrin.

I

Lorsqu'on a vécu bien longtemps dans une culture déterminée et qu'on s'est souvent efforcé de rechercher quelles furent ses origines et la voie de son développement, on finit par éprouver la tentation de tourner le regard dans l'autre direction et de poser la question de savoir quel destin plus lointain cette culture a devant elle, et par quelles transformations elle est déterminée à passer. Mais on remarquera bientôt qu'une telle investigation est d'avance invalidée par plusieurs facteurs. Et avant tout par le fait qu'il n'est que peu de personnes capables d'une vue d'ensemble sur les rouages de l'humanité dans toute leur extension. Pour la plupart, se limiter à un seul domaine ou à quelques-uns est devenu nécessaire ; mais moins quelqu'un en sait sur le passé et le présent, plus son jugement sur l'avenir doit finir par être incertain. Et en outre parce que, dans ce jugement précisément, les attentes subjectives de l'individu jouent un rôle difficile à évaluer ; mais celles-ci se révèlent dépendantes de facteurs purement personnels de sa propre expérience, du plus ou moins d'espérances qu'il place dans la vie, telles qu'elles lui ont été prescrites par le tempérament, le succès ou l'insuccès. Intervient enfin le fait remarquable que les hommes vivent en général leur présent comme naïvement, sans pouvoir en apprécier les contenus ; ils doivent d'abord gagner de la distance à son égard, c'est-à-dire que le présent doit être devenu le passé si l'on veut pouvoir y trouver des points d'appui pour juger de l'avenir.

Qui cède donc à la tentation de s'exprimer sur l'avenir vraisemblable de notre culture fera bien de se souvenir des réserves indiquées plus haut, ainsi que de l'incertitude qui s'attache très généralement à toute prédiction. Il s'ensuit pour moi que je m'empresserai de fuir cette trop grande tâche pour retrouver au plus vite le petit secteur auquel mon attention s'est d'ailleurs consacrée jusqu'ici, après avoir déterminé seulement sa position dans le grand tout.

La culture humaine – j'entends tout ce en quoi la vie humaine s'est élevée au-dessus de ses conditions animales et s'est distinguée de la vie des bêtes, et je dédaigne de séparer culture et civilisation – offre comme on sait deux faces à l'observateur. Elle embrasse d'un côté tout le savoir et le pouvoir que les hommes ont acquis pour dominer les forces de la nature et en retirer les biens nécessaires à la satisfaction des besoins humains, de l'autre tous les dispositifs nécessaires au règlement des relations des hommes entre eux, et en particulier la répartition des biens accessibles. Ces deux directions de la culture ne sont pas indépendantes l'une de l'autre, premièrement parce que les relations entre les hommes sont profondément influencées par le degré de satisfaction pulsionnelle que permettent les biens en présence ; deuxièmement parce que chaque homme lui-même, pris individuellement, peut établir une relation avec un autre qui fasse de ce dernier un bien pour autant qu'il utilise sa force de travail ou le prenne pour objet sexuel ; mais troisièmement aussi parce que chaque individu est virtuellement un ennemi de la culture, qui devrait pourtant être d'un intérêt humain général. Il est remarquable que les hommes, si peu qu'ils puissent exister dans l'isolement, ressentent comme une lourde pression les sacrifices exigés d'eux par la culture pour permettre une vie en commun. La culture doit donc être défendue contre l'individu, et ses dispositifs, institutions et commandements se mettent au service de cette tâche ; ils ne visent pas seulement à établir une certaine répartition des biens, mais aussi à la maintenir, ils doivent même protéger des mouvements d'hostilité des hommes tout ce qui sert à contraindre la nature et à produire des biens. Les créations humaines sont faciles à détruire, et la science et la technique qui les ont construites peuvent aussi être employées à leur anéantissement.

On en retire ainsi l'impression que la culture est quelque chose qui a été imposé à une majorité récalcitrante par une minorité qui a compris comment prendre possession des moyens de la puissance et de la contrainte. On en vient tout naturellement à supposer que ces difficultés ne tiennent pas à l'essence de la culture elle-même, mais qu'elles sont conditionnées par les imperfections des formes culturelles qui ont été développées jusqu'à maintenant. De fait, il n'est pas difficile de montrer ces défauts. Tandis que l'humanité a fait des progrès permanents dans la domination de la nature, et qu'elle est en droit d'en attendre de plus grands encore, on ne peut constater avec certitude un progrès semblable dans le règlement des affaires humaines, et vraisemblablement, aujourd'hui comme de tout temps, beaucoup d'hommes se sont demandé si cette part d'acquis culturel valait seulement la peine qu'on la défende. On pourrait penser qu'un nouveau règlement des relations humaines devrait être possible, qui ferait échec aux sources de l'insatisfaction à l'égard de la culture en renonçant à la contrainte et à la répression pulsionnelle, de sorte que les hommes pourraient, sans être perturbés par les dissensions internes, s'adonner à l'acquisition de biens et à la jouissance de ces derniers. Ce serait l'Âge d'or. Seulement, on se demande si un tel état est réalisable. Il semble bien plutôt que toute culture doive s'édifier sur la contrainte et le renoncement pulsionnel ; il ne semble même pas assuré que, la contrainte cessant, la majorité des individus humains soient prêts à prendre en charge le travail indispensable à l'acquisition de nouveaux biens vitaux. On doit, je pense, compter avec le fait que, chez tous les hommes, sont présentes des tendances destructrices, c'est-à-dire antisociales et anticulturelles, et que celles-ci, chez un grand nombre de personnes, sont assez fortes pour déterminer leur comportement dans la société humaine.

Ce fait psychologique prend une signification décisive pour juger de la culture humaine. Si l'on pouvait d'abord penser que l'essentiel, en elle, est la domination de la nature et l'acquisition de biens vitaux, et que les dangers qui la menacent se laissent écarter par une répartition appropriée de ces biens entre les hommes, il apparaît maintenant que l'accent se déplace du matériel sur le psychique. Il devient décisif de savoir si on réussit, et jusqu'à quel point, à réduire le poids du sacrifice pulsionnel qui pèse sur les hommes, à les réconcilier avec ce qu'il en reste nécessairement, et à les en dédommager. Pas plus que de la contrainte du travail culturel, on ne peut se dispenser de la domination de la masse par une minorité, car les masses sont inertes et sans discernement, elles n'aiment pas le renoncement pulsionnel, ne peuvent être convaincues de son inéluctabilité par des arguments, et les individus dont elles sont composées se confortent les uns les autres dans le libre cours qu'ils donnent à leur dérèglement. Ce n'est que par l'influence d'individus exemplaires reconnus par elles comme leurs guides, qu'on peut les amener aux travaux et aux renoncements sur lesquels repose l'existence de la culture. Tout est bien si ces guides sont des personnes dotées d'un discernement supérieur pour les nécessités de la vie et qu'ils se sont haussés jusqu'à la domination de leurs propres désirs pulsionnels. Mais ils courent le danger, pour ne pas perdre leur influence, de céder à la masse plus qu'elle ne leur cède, et c'est pourquoi il apparaît nécessaire qu'ils disposent de pouvoirs par lesquels ils soient indépendants de la masse. Pour résumer, il y a chez les hommes deux qualités largement répandues, qui sont cause que les dispositifs culturels ne peuvent être maintenus que par un certain degré de contrainte : ils ne prennent pas spontanément plaisir à travailler, et les arguments ne peuvent rien contre leurs passions.

Je sais ce que l'on objectera à ces explications. On dira que le caractère des masses humaines décrit ici, qui doit prouver que la contrainte au travail culturel est indispensable, est lui-même la conséquence de dispositifs culturels déficients par lesquels les hommes sont devenus amers, vindicatifs, inabordables. De nouvelles générations, éduquées avec amour et dans la haute estime de la pensée, et qui auront précocement appris les bienfaits de la culture, auront aussi un autre rapport à celle-ci, elles la ressentiront comme leur bien le plus propre et seront prêtes à lui faire le sacrifice de travail et de satisfaction pulsionnelle dont elle a besoin pour son maintien. Elles pourront se passer de la contrainte et se distingueront peu de leurs guides. S'il n'y a eu dans aucune culture jusqu'ici des masses humaines d'une telle qualité, cela vient de ce qu'aucune culture n'a encore trouvé les dispositifs pour influencer les hommes d'une telle manière, et ce, dès l'enfance.

On peut douter qu'il soit possible, aujourd'hui ou jamais, en l'état actuel de notre domination de la nature, de créer de tels dispositifs culturels ; on peut soulever la question de savoir d'où va venir le nombre de guides supérieurs, imperturbables et désintéressés, qui doivent agir comme éducateurs des générations à venir ; on peut s'effrayer du déploiement monstrueux de contraintes qui sera inévitable jusqu'à la réalisation de ces desseins. On ne pourra contester la grandeur de ce plan, son importance pour l'avenir de la culture humaine. Il repose assurément sur cette vision psychologique selon laquelle l'homme est pourvu des dispositions pulsionnelles les plus diverses, auxquelles les expériences précoces de l'enfance assignent une direction définitive. C'est pourquoi les limites de l'éducabilité de l'homme fixent aussi des bornes à l'efficacité d'une telle modification culturelle. On peut douter qu'un autre milieu culturel puisse – et dans quelle mesure ? – effacer ces deux qualités de masses humaines qui grèvent si lourdement la conduite des affaires humaines. L'expérience n'en a pas encore été faite. Vraisemblablement, un certain pourcentage de l'humanité – par suite d'une disposition morbide ou d'un excès de force pulsionnelle – restera toujours asocial, mais si l'on parvient à rabaisser à une minorité la majorité d'aujourd'hui hostile à la culture, on aura atteint beaucoup, et peut-être tout ce qu'il est possible d'atteindre.

Je ne voudrais pas éveiller l'impression que je me suis égaré loin de la voie tracée à l'avance de mon investigation. C'est pourquoi je veux expressément assurer que je suis loin de vouloir juger la grande expérience culturelle engagée présentement dans le vaste pays situé entre l'Europe et l'Asie. Je n'ai ni la compétence ni la capacité de décider si elle est réalisable, d'éprouver si les méthodes employées sont appropriées, ou de mesurer l'inévitable fossé qui sépare intention et exécution. Ce qui se prépare là-bas échappe, dans son inachèvement, à une considération dont notre culture, consolidée depuis longtemps, offre la matière.

II

Nous avons glissé inopinément de l'économique au psychologique. Nous étions au début tentés de chercher le fonds culturel dans les biens en présence et les dispositifs destinés à leur répartition. Sachant que toute culture repose sur la contrainte au travail et le renoncement pulsionnel, et qu'ainsi elle suscite inévitablement une opposition chez ceux qui sont touchés par ces exigences, il est apparu clairement que ces biens mêmes, les moyens de les acquérir et les dispositions prises pour les répartir, ne pouvaient être les caractères essentiels ou uniques de la culture. Car ils sont menacés par la révolte et la soif de destruction de ceux qui ont part à la culture. À côté des biens interviennent les moyens qui peuvent servir la culture, moyens de contrainte et autres, qui doivent réussir à réconcilier les hommes avec la culture et à les dédommager de leurs sacrifices. Et ces derniers peuvent être décrits comme le fonds psychique de la culture.

Par souci d'un mode d'expression homogène, nous appellerons *frustration* le fait qu'une pulsion ne peut être satisfaite, *interdit* le dispositif qui fixe cette frustration, et *privation* l'état entraîné par l'interdit. Le pas suivant consiste à distinguer, parmi les privations, celles qui touchent tous les hommes et celles qui ne les touchent pas tous, mais seulement des groupes, des classes ou même des individus. Les premières sont les plus anciennes : c'est avec les interdits qui les instaurent que la culture a inauguré le détachement de l'état animal originel, il y a je ne sais combien de milliers d'années. À notre surprise, nous avons trouvé qu'elles sont toujours agissantes et forment le noyau de l'hostilité à la culture. Les désirs pulsionnels qui en pâtissent renaissent avec chaque enfant ; il y a une classe d'hommes, les névrosés, qui réagissent déjà à ces frustrations par de l'asociabilité. De tels désirs pulsionnels sont ceux de l'inceste, du cannibalisme et du meurtre. Il paraît étrange de regrouper ces désirs, que tous les hommes semblent s'accorder à rejeter, avec ceux dont la concession ou la frustration font l'objet de si vives luttes dans notre culture ; mais psychologiquement, on est justifié à le faire. Le comportement culturel n'est pas non plus du tout le même à l'égard de ces désirs pulsionnels les plus anciens : seul le cannibalisme paraît proscrit par tous et, pour un regard non analytique, complètement surmonté ; on peut encore sentir la force des désirs d'inceste derrière l'interdit, et le meurtre est encore, sous certaines conditions, pratiqué, voire commandé par notre culture. Il se peut que nous soyons devant des développements de la culture où la satisfaction, aujourd'hui parfaitement possible, d'autres désirs, apparaîtra tout aussi inacceptable que l'est maintenant celle du cannibalisme.

Dans ces renoncements pulsionnels les plus anciens, il entre déjà en ligne de compte un facteur psychologique qui reste significatif aussi pour tous les renoncements ultérieurs. Il n'est pas exact que l'âme humaine n'ait subi aucun développement depuis les temps les plus anciens, et qu'elle soit aujourd'hui encore, par opposition aux progrès de la science et de la technique, toujours la même qu'au commencement de l'histoire. Nous pouvons ici prouver l'un de ces progrès de l'âme. Il va dans le sens de notre développement qu'une contrainte extérieure soit peu à peu intériorisée du fait qu'une instance psychique particulière, le surmoi [1] de l'homme, la reçoit parmi ses commandements. Tout enfant nous montre le processus d'une telle transformation : ce n'est que par elle qu'il devient moral et social. Ce renforcement du surmoi est un fonds culturel psychologique de la plus haute valeur. Les personnes chez qui il s'est accompli, d'adversaires de la culture qu'elles étaient, deviennent porteuses de culture. Plus grand est leur nombre dans une sphère culturelle, plus cette culture est assurée, et plus elle peut se passer de moyens de contrainte extérieurs. Cela étant, le degré de cette intériorisation est très différent selon chaque interdit pulsionnel. Pour les exigences culturelles les plus anciennes déjà mentionnées, et si nous laissons de côté la regrettable exception que sont les névrosés, l'intériorisation semble largement atteinte. Ce rapport change si l'on se tourne vers les autres exigences pulsionnelles. On remarque alors avec surprise et inquiétude qu'une majorité d'hommes n'obéissent aux interdits culturels qui s'y rattachent que sous la pression de la contrainte extérieure, c'est-à-dire seulement là où elle peut avoir lieu et aussi longtemps qu'elle est à redouter. Cela concerne aussi ces exigences culturelles dites morales, qui sont destinées à tous de la même façon. Presque tout ce qu'on apprend du manque de fiabilité morale des hommes appartient à ce contexte. Un nombre infini d'hommes culturels, qui reculeraient de terreur devant le meurtre ou l'inceste, ne se privent pas de satisfaire leur cupidité, leur désir d'agression et leurs envies sexuelles, ne s'abstiennent pas de nuire aux autres par le mensonge, la tromperie, la calomnie, s'ils peuvent ce faisant demeurer impunis, et il en fut bien toujours ainsi, depuis de nombreuses époques culturelles.

Concernant les restrictions qui ne se rapportent qu'à certaines classes de la société, on tombe sur des conditions grossières et qui n'ont d'ailleurs jamais été méconnues. Il faut s'attendre à ce que ces classes laissées pour compte envient aux privilégiés leurs prérogatives et fassent tout pour se débarrasser de leur surplus de privation. Où cela n'est pas possible, s'affirmera à l'intérieur de cette culture une durable quantité d'insatisfaction qui pourrait bien conduire à de dangereuses révoltes. Mais si une culture n'a pu dépasser le fait que la satisfaction d'un certain nombre de participants a pour présupposé l'oppression de certains autres, peut-être de la majorité – et c'est le cas dans toutes les cultures actuelles –, il est compréhensible que ces opprimés développent une hostilité intense à l'égard d'une culture qu'ils rendent possible par leur travail, mais aux biens de laquelle ils n'ont qu'une part trop mince. On ne doit pas s'attendre chez les opprimés à une intériorisation des interdits culturels ; bien plutôt, ils ne sont pas prêts à reconnaître ces interdits, ils tendent à détruire la culture elle-même, voire à en supprimer les présupposés. L'hostilité de ces classes à la culture est si manifeste qu'on n'a pas vu au-delà d'elle l'hostilité plutôt latente des couches sociales mieux partagées. Il est inutile de dire qu'une culture qui laisse insatisfaits un si grand nombre de participants et les pousse à la révolte n'a aucune perspective de se maintenir durablement, et elle ne le mérite pas non plus.

Le degré d'intériorisation des prescriptions culturelles – pour l'exprimer de manière populaire et non psychologique : le niveau moral des participants – n'est pas le seul bien psychique qui entre en ligne de compte dans l'appréciation d'une culture. S'y adjoint son fonds d'idéaux et de créations artistiques, c'est-à-dire les satisfactions qui sont obtenues à partir des uns et des autres.

On ne sera que trop enclin à accueillir les idéaux d'une culture, c'est-à-dire les évaluations de ce que sont les tâches les plus hautes et les plus désirables, parmi les biens de son fonds psychique. Il semble d'abord que ce sont ces idéaux qui déterminent les tâches d'une sphère culturelle, mais le déroulement véritable pourrait consister en ce que les idéaux se forment d'après les premières tâches rendues possibles par l'action conjuguée de dons intérieurs et de conditions extérieures d'une culture, et que ces premières tâches sont alors maintenues par l'idéal pour leur perpétuation. La satisfaction qu'offre l'idéal aux participants de la culture est ainsi de nature narcissique, elle repose sur la fierté de la tâche déjà réussie. Pour être complète, cette satisfaction a besoin de la comparaison avec d'autres cultures, qui se sont lancées dans d'autres tâches et ont développé d'autres idéaux. En vertu de ces différences, chaque culture s'arroge le droit de bien peu estimer l'autre. De cette façon, les idéaux culturels deviennent l'occasion de se diviser et de devenir ennemis, comme on le voit avec la plus grande netteté parmi les nations.

La satisfaction narcissique issue de l'idéal culturel fait aussi partie de ces puissances qui, à l'intérieur d'une sphère culturelle, agissent avec succès contre l'hostilité à la culture. Non seulement les classes privilégiées qui jouissent des bienfaits de cette culture, mais aussi les opprimés peuvent y avoir leur part, en ce que la justification à mépriser ceux qui y sont extérieurs les dédommage des préjudices subis dans leur propre sphère. Certes, on est un misérable plébéien accablé par les dettes et les services de la guerre, mais en échange on est romain, on a sa part à la mission de dominer d'autres nations et de leur prescrire des lois. Mais cette identification des opprimés à la classe qui les domine et les exploite n'est qu'une partie d'un contexte plus vaste. D'un autre côté, ceux-là peuvent être liés affectivement à celle-ci et malgré leur hostilité, contempler leurs idéaux dans leurs maîtres. S'il n'existait au fond de telles relations satisfaisantes, il demeurerait incompréhensible que tant de cultures se fussent maintenues si longtemps malgré l'hostilité légitime de grandes masses humaines.

La satisfaction que l'art accorde aux participants d'une sphère culturelle est d'une autre espèce, bien que cette satisfaction reste généralement inaccessible aux masses, qui sont accaparées par un travail épuisant et n'ont pas joui d'une éducation personnelle. L'art offre, comme nous l'avons appris il y a fort longtemps[2], des satisfactions de substitution pour les renoncements culturels les plus anciens et encore les plus profondément ressentis ; c'est pourquoi, mieux que tout autre chose, il a un effet de réconciliation avec les sacrifices consentis pour la culture. D'un autre côté, ses créations suscitent ces sentiments d'identification dont toute sphère culturelle a tant besoin, en donnant l'occasion d'éprouver ensemble des sentiments hautement estimés ; mais elles servent aussi à la satisfaction narcissique lorsqu'elles représentent les tâches de cette culture particulière et exhortent de manière impressionnante à réaliser ses idéaux.

La part peut-être la plus significative de l'inventaire psychique d'une culture n'a pas encore été mentionnée. Ce sont, au sens le plus large, les représentations religieuses, ou, en d'autres termes qu'il faudra justifier ultérieurement, ses illusions.

III

En quoi consiste la valeur particulière des représentations religieuses ?

Nous avons parlé d'hostilité à la culture, produite par la pression qu'exerce la culture, par les renoncements pulsionnels qu'elle réclame. Si l'on imagine levés ses interdits, alors on a le droit de choisir pour objet sexuel toute femme qui nous plaît, le droit d'abattre sans scrupule notre rival auprès de cette femme, ou quiconque nous barre la route, on peut prendre à autrui n'importe lequel de ses biens sans lui demander l'autorisation : quelle belle chose, quel enchaînement de satisfactions serait alors la vie ! Certes, on rencontre bientôt une nouvelle difficulté. Chacun a exactement les mêmes désirs que moi et ne m'épargnera pas plus que je ne l'épargne. Au fond, un seul homme peut devenir heureux sans restriction grâce à la suppression des restrictions culturelles : un tyran, un dictateur qui s'est arrogé tous les moyens de la puissance ; et lui-même a toutes les raisons de souhaiter que les autres s'en tiennent au moins à un commandement culturel : tu ne tueras point.

Mais quelle ingratitude, quelle courte vue surtout, d'aspirer à une suppression de la culture ! Ce qui demeure alors, c'est l'état de nature, et il est largement plus lourd à supporter. Il est vrai que la nature ne réclamerait de nous aucune restriction pulsionnelle, elle nous laisserait faire, mais elle a une manière bien à elle de nous restreindre : elle nous tue, froidement, cruellement, apparemment sans égards, possiblement à l'occasion même de notre satisfaction. C'est précisément à cause de ces dangers dont la nature nous menace que nous nous sommes rassemblés et avons créé la culture, qui doit aussi, entre autres choses, rendre possible la vie en commun. Et c'est bien la mission principale de la culture, sa véritable raison d'être, que de nous défendre contre la nature.

On sait que pour une bonne part, elle y réussit d'ores et déjà passablement bien, et elle fera manifestement beaucoup mieux plus tard. Mais aucun être humain ne cède au leurre de croire que la nature est déjà contrainte ; peu osent espérer qu'elle sera un jour entièrement soumise à l'homme. Les éléments sont là, qui semblent se rire de toute contrainte humaine : la terre, qui tremble, se déchire, ensevelit tout ce qui est humain et ouvrage de l'homme ; l'eau, qui en se soulevant submerge et engloutit toutes choses, la tempête qui les balaie toutes ; les maladies sont là, que nous ne savons que depuis peu être les attaques d'autres êtres vivants ; enfin la douloureuse énigme de la mort, contre laquelle jusqu'à présent aucune herbe médicinale n'a été trouvée, et il est vraisemblable qu'on n'en trouvera pas. Avec la violence de ces puissances, la nature est dressée contre nous, grandiose, cruelle, implacable, elle nous remet sous les yeux notre faiblesse et notre impuissance, auxquelles nous pensions nous soustraire par le travail de la culture. C'est l'une des rares impressions réjouissantes et exaltantes que l'on puisse avoir de l'humanité, lorsque celle-ci, face à une catastrophe naturelle, oublie ses disparités culturelles, toutes ses difficultés et hostilités internes, pour se souvenir de la grande mission commune, sa conservation contre la puissance supérieure de la nature.

Comme pour l'humanité dans son ensemble, la vie est, pour l'individu, difficile à supporter. La culture à laquelle il participe lui impose son lot de privations, les autres hommes lui réservent une quantité de souffrances, soit malgré les prescriptions de la culture, soit par suite de l'imperfection de cette culture. S'y ajoute ce que la nature non contrainte – il appelle cela destin – lui inflige comme dommages. Il en résulte un état permanent d'attente apeurée et une lourde atteinte au narcissisme naturel. Comment l'individu réagit contre les dommages causés par la culture et par les autres, nous le savons déjà : il développe un degré correspondant de résistance contre les dispositifs de cette culture, un degré correspondant d'hostilité à la culture. Mais comment se défend-il contre les puissances supérieures de la nature, du destin, qui le menacent comme tous les autres ?

La culture le décharge de cette tâche, elle y pourvoit de la même manière pour tous, et il est remarquable qu'à peu près toutes les cultures fassent ici la même chose. Elle ne fait guère de halte dans l'exécution de sa mission, qui est de défendre l'homme contre la nature, elle la poursuit seulement par d'autres moyens. Sa mission est ici multiple : le sentiment que l'homme a de lui-même, lourdement menacé, réclame le réconfort ; le monde et la vie doivent être débarrassés des terreurs ; en outre, le désir humain de savoir, certes sous l'impulsion des intérêts pratiques les plus puissants, veut des réponses.

Dès le premier pas, on y gagne beaucoup. Et ce pas consiste à humaniser la nature. On ne peut aborder les forces et les destins impersonnels, ils demeurent éternellement étrangers. Mais si les passions se déchaînent dans les éléments comme dans notre âme, si la mort même n'est rien de spontané, mais l'acte de violence d'une volonté mauvaise, si partout dans la nature nous sommes entourés d'êtres comme ceux qu'on connaît de sa propre société, alors on respire, on se sent en famille dans ce qui n'est pas familier, on peut faire un travail psychique sur sa peur insensée. On est peut-être encore sans défense, mais non plus paralysé sans secours, on peut au moins réagir, et peut-être même n'est-on plus sans défense, on peut appliquer contre les surhommes qui sévissent au-dehors les mêmes moyens que ceux dont on se sert dans sa propre société, on peut tenter de les conjurer, de les fléchir, de les soudoyer, on leur ravit par une telle influence une part de leur puissance. Un tel remplacement d'une science de la nature par la psychologie ne procure pas seulement un soulagement immédiat, il ouvre la voie à une plus grande maîtrise de la situation.

Car cette situation n'a rien de neuf, son modèle est infantile, elle n'est proprement que la perpétuation de ce qui a précédé, car on s'est déjà trouvé ainsi, sans secours, lorsqu'on était un petit enfant face à un couple de parents qu'on avait des raisons de craindre, surtout le père, mais dont on était assuré aussi de la protection contre les dangers qu'on connaissait alors. Rapprocher ces deux situations allait de soi. Et le désir aussi, comme dans la vie onirique, y trouvait son compte. Un pressentiment de la mort assaille le dormeur, veut le porter au tombeau, mais le travail du rêve sait choisir la condition sous laquelle l'événement redouté devient lui aussi l'accomplissement d'un désir ; le rêveur se voit dans un antique tombeau étrusque [3] dans lequel il était descendu, heureux de satisfaire ses intérêts archéologiques. De manière semblable, l'homme ne transforme pas simplement les forces de la nature en hommes avec lesquels il peut avoir commerce comme avec ses pareils, cela ne rendrait pas compte de l'impression terrassante qu'il a d'elles, mais il leur donne un caractère de père, il en fait des dieux, et il ne suit pas en cela un modèle seulement infantile, mais aussi, comme j'ai essayé de le montrer [4], phylogénétique.

Avec le temps, on commence à observer de la régularité et de la légalité dans les phénomènes naturels, les forces de la nature y perdent leurs traits humains. Mais l'impuissance des hommes demeure, et avec elle leur nostalgie du père, et les dieux. Les dieux conservent leur triple mission : exorciser les terreurs que suscite la nature, réconcilier avec la cruauté de la nature telle qu'elle se montre particulièrement dans la mort, et dédommager des souffrances et des privations que la vie en commun dans la culture inflige à l'homme.

Mais à l'intérieur de ces tâches, l'accent se déplace peu à peu. On remarque que les phénomènes naturels se déroulent d'eux-mêmes, selon des nécessités internes ; certes, les dieux sont les maîtres de la nature, ils l'ont disposée ainsi et peuvent désormais la livrer à elle-même. Ils n'interviennent qu'occasionnellement sur son cours, par ce qu'on appelle des miracles, comme pour assurer qu'ils n'ont rien abandonné de leur sphère de puissance originelle. En ce qui concerne la répartition des destins, reste le malaise du pressentiment qu'on ne peut secourir le genre humain désemparé et sans secours. C'est là surtout que les dieux font défaut ; s'ils font eux-mêmes le destin, alors on doit dire que leurs arrêts sont insondables ; chez le peuple le plus doué de l'Antiquité, on voit poindre l'idée que la Moire [5] se dresse au-dessus des dieux, et que les dieux eux-mêmes ont leur destin. Et plus la nature est autonome et plus les dieux s'en retirent, plus les attentes se concentrent sérieusement sur la troisième tâche qui leur est assignée, plus le domaine moral devient leur véritable domaine. La mission divine consiste désormais à compenser les manques et les dommages de la culture, à prendre garde aux souffrances que s'infligent les hommes dans leur vie en commun, à veiller à l'exécution des prescriptions de la culture, que les hommes suivent si mal. Les prescriptions de la culture elles-mêmes se voient attribuer une origine divine, elles sont élevées au-dessus de la société humaine et étendues à la nature et à ce qui advient dans le monde.

Ainsi se crée un trésor de représentations, nées du besoin de rendre supportable l'impuissance humaine, édifiées à partir du matériau que sont les souvenirs de l'impuissance de l'enfance et du genre humain. On peut reconnaître nettement que ce fonds protège l'homme dans deux directions, contre les dangers de la nature et du destin, et contre les dommages issus de la société humaine elle-même. Dans ce contexte, cela veut dire : la vie en ce monde sert un but supérieur, il n'est certes pas facile à deviner, mais il signifie certainement un perfectionnement de l'être humain. Le spirituel dans l'homme, l'âme qui au cours des âges s'est séparée du corps avec tant de lenteur et de réticence, doit vraisemblablement être l'objet de cette exaltation et de cette élévation. Tout ce qui se passe dans ce monde est l'exécution des desseins d'une intelligence supérieure qui, quoique par des tours et détours difficiles à suivre, dirige le tout vers le bien, c'est-à-dire vers ce qui nous réjouit. Sur chacun de nous veille une Providence sévère en apparence mais pleine de bonté, qui ne permet pas que nous devenions le jouet des forces de la nature, forces démesurées et implacables ; la mort elle-même n'est pas un anéantissement, elle n'est pas un retour à l'inorganique sans vie, mais le commencement d'une nouvelle sorte d'existence qui se trouve sur la voie d'un développement supérieur. Et sous leur autre aspect, ces mêmes lois morales que nos cultures ont établies dominent aussi tout ce qui advient dans le monde, sauf qu'elles sont gardées par une instance juridictionnelle suprême, avec incomparablement plus de puissance et de conséquence. Tout bien trouve à la fin sa récompense, tout mal son châtiment, et si ce n'est dans cette vie, du moins dans une existence ultérieure, qui commence après la mort. Ainsi, toutes les terreurs, toutes les souffrances et toutes les duretés de la vie sont vouées à être liquidées ; la vie après la mort, qui prolonge notre vie terrestre comme la partie invisible du spectre s'adjoint à sa partie visible, apporte le plein accomplissement qui nous a peut-être manqué ici-bas. Et la sagesse supérieure qui dirige le cours de ces choses, la bonté suprême qui s'y exprime, la justice qui s'impose en elles, telles sont les qualités des êtres divins qui nous ont créés, nous et le monde dans son ensemble. Ou plutôt, celles d'un être divin dans lequel notre culture a condensé tous les dieux des époques reculées. Le peuple qui le premier est parvenu à concentrer ainsi les qualités divines n'était pas peu fier de ce progrès. Il avait dégagé le noyau paternel qui était caché derrière chaque figure de dieu ; c'était au fond un retour aux débuts historiques de l'idée de dieu. Désormais, puisque Dieu était l'Unique, nos relations à lui pouvaient regagner l'intimité et l'intensité du rapport de l'enfant au père. Mais si l'on avait tant fait pour le père, on voulait aussi en être récompensé, être au moins l'unique enfant chéri, le peuple élu. Bien plus tard, la pieuse Amérique élève la prétention d'être « *God's own country* », et pour l'une des formes sous lesquelles les hommes vénèrent la divinité, cela est exact.

Les représentations religieuses qui ont été résumées précédemment ont naturellement traversé un long développement et ont été fixées par différentes cultures à des phases différentes. J'ai extrait une seule de ces phases de développement, qui correspond à peu près à la forme finale prise dans notre culture actuelle, blanche et chrétienne. Il est facile de remarquer que les parties de ce tout ne s'accordent pas toutes également bien entre elles, que les questions urgentes n'ont pas toutes reçu de réponse, que la contradiction formée par notre expérience quotidienne ne peut être écartée sans effort. Mais telles qu'elles sont, ces représentations – religieuses au sens le plus large – sont estimées comme le fonds le plus précieux de la culture, comme la valeur la plus grande qu'elle ait à offrir à ses participants, estimées plus hautement que tout l'art d'arracher ses trésors à la terre, de procurer de la nourriture à l'humanité ou de prévenir ses maladies, etc. Les hommes pensent ne pas pouvoir supporter la vie s'ils n'attachent pas à ces représentations la valeur qui est revendiquée pour elle. Et maintenant se pose la question : que sont ces représentations à la lumière de la psychologie ? D'où tirent-elles la haute estime qu'on leur porte ? Et pour poursuivre timidement : quelle est leur véritable valeur ?

IV

Une investigation qui se poursuit imperturbablement comme un monologue n'est pas tout à fait sans danger. On cède trop facilement à la tentation de mettre de côté les pensées qui veulent l'interrompre, et on a en échange un sentiment d'incertitude qu'à la fin on veut couvrir du bruit d'une trop grande détermination. Je me représente donc un adversaire[6] qui suivra mes explications avec méfiance, et je le laisse ici et là prendre la parole.

Je l'entends dire : « Vous avez utilisé de façon répétée les expressions suivantes : la culture crée les représentations religieuses, la culture les met à la disposition de ses participants ; il y a là un accent étrange ; je ne saurais dire moi-même pourquoi, mais on n'y entend pas la même évidence que lorsqu'on dit que la culture a créé des dispositions relatives à la répartition du produit du travail ou aux droits concernant la femme et l'enfant. »

Je pense pourtant qu'on est justifié à s'exprimer ainsi. J'ai tenté de montrer que les représentations religieuses proviennent du même besoin que toutes les autres conquêtes de la culture, de la nécessité de se défendre contre la puissance supérieure écrasante de la nature. À cela s'ajoutait un second motif, à savoir ce qui pousse à corriger ces imperfections de la nature dont le sentiment est pénible. Il est particulièrement pertinent de dire que la culture offre ces représentations à l'individu, car il les trouve déjà là, elles lui sont apportées toutes prêtes, il ne serait pas en mesure de les trouver tout seul. C'est là l'héritage de nombreuses générations auquel il accède, qu'il reçoit comme la table de multiplication, la géométrie, etc. Il y a certes bien une différence, mais elle réside ailleurs, et elle ne peut pas encore être mise en lumière maintenant. Ce sentiment d'étrangeté que vous évoquez, peut bien participer du fait qu'on a coutume de nous présenter ce fonds de représentations religieuses comme une révélation divine. Cela seul est déjà une partie du système religieux, qui néglige complètement le développement historique bien connu de ces idées, et leur diversité dans les diverses époques et cultures.

« Un autre point, qui me paraît plus important : vous faites provenir l'humanisation de la nature du besoin de mettre fin au désarroi et à l'impuissance des hommes devant les forces redoutées de la nature, de se mettre en relation avec elles et de finir par les influencer. Mais un tel motif semble superflu. L'homme primitif n'a même pas le choix, il n'a pas d'autre voie pour penser. Il lui est naturel, comme inné, de projeter son être dans le monde, de voir tous les processus qu'il observe comme des manifestations d'êtres qui, au fond, lui sont semblables. C'est sa seule méthode pour concevoir. Et ce n'est en aucun cas évident, c'est plutôt une remarquable coïncidence s'il réussit à satisfaire l'un de ses besoins majeurs en laissant libre cours à ses dispositions naturelles. »

Je ne trouve pas cela si frappant. Pensez-vous donc que la pensée des hommes ne connaisse pas de motifs pratiques, qu'elle soit la simple expression d'un désir désintéressé de savoir ? Mais c'est fort invraisemblable. Je crois plutôt que l'homme, même lorsqu'il personnifie les forces de la nature, suit un modèle infantile. Des premières personnes de son entourage, il a appris qu'établir une relation avec elles est la voie pour les influencer, et c'est pourquoi, plus tard, il traite tout ce qu'il rencontre avec la même intention qu'à l'égard de ces personnes. Je ne contredis donc pas votre remarque descriptive, il est vraiment naturel à l'homme de personnifier tout ce qu'il veut concevoir, pour le dominer plus tard – la maîtrise psychique comme préparation à la maîtrise physique –, mais j'y ajoute le motif et la genèse de cette particularité de la pensée humaine.

« Et maintenant, encore un troisième point : par le passé, vous avez bien déjà traité l'origine de la religion, dans votre livre *Totem et tabou*. Mais les choses y ont une autre allure. Le rapport père-fils y est tout, Dieu est le père sublimé, la nostalgie du père est la racine du besoin religieux. Il semble que, depuis, vous ayez découvert le facteur de l'impuissance et du désarroi des hommes, auquel est bien attribué en général le rôle majeur dans la formation de la religion, et voilà que vous récrivez tout, en basant sur l'impuissance ce que vous basiez précédemment sur le complexe paternel. Puis-je vous prier de me renseigner sur cette transformation ? »

Volontiers, je n'attendais que cette invitation. S'il s'agit vraiment d'une transformation. Dans *Totem et tabou*, ce n'est pas la naissance des religions qui devait être expliquée, mais seulement celle du totémisme. Pouvez-vous, à partir de n'importe lequel des points de vue qui vous sont connus, faire comprendre que la première forme sous laquelle la divinité protectrice se révéla à l'homme, fut la forme animale, qu'il existait un interdit de tuer et de consommer cet animal, et pourtant aussi un rite solennel où, une fois l'an, on le tuait et le consommait en commun ? C'est justement ce qui a lieu dans le totémisme. Et il n'est guère opportun de disputer sur la question de savoir si l'on doit appeler le totémisme une religion. Il est en relation intime avec les religions ultérieures impliquant un dieu : les animaux totémiques deviennent les animaux sacrés des dieux. Et les premières restrictions morales, mais les plus profondes – l'interdit de l'inceste et du meurtre – naissent sur le sol du totémisme. Que vous acceptiez ou non les conclusions de *Totem et tabou*, j'espère que vous concéderez que, dans ce livre, un certain nombre de faits remarquables et épars sont rassemblés en un tout consistant.

Pourquoi, sur la durée, le dieu animal n'a pas suffi et a été relayé par le dieu humain, c'est ce que *Totem et tabou* a à peine effleuré, et d'autres problèmes concernant la formation de la religion ne s'y trouvent aucunement mentionnés. Mais tenez-vous une telle restriction pour identique à un déni ? Mon travail est un bon exemple de la part strictement isolée que peuvent apporter les considérations psychanalytiques à la résolution du problème religieux. Si maintenant je tente d'ajouter autre chose qui soit moins profondément caché, vous ne devez pas plus m'accuser d'être contradictoire que d'avoir été unilatéral précédemment. Naturellement, c'est ma mission de montrer les voies qui font le lien entre ce que j'ai dit précédemment et ce qui est avancé maintenant, entre la motivation profonde et la motivation manifeste, entre d'une part le complexe paternel et d'autre part l'impuissance et le besoin de protection de l'homme.

Ces liens ne sont pas difficiles à trouver. Ce sont les relations qu'il y a entre l'impuissance de l'enfant et celle de l'adulte qui la prolonge, de sorte que, comme il fallait s'y attendre, la motivation psychanalytique de la formation de la religion devient la contribution infantile à sa motivation manifeste. Transportons-nous dans la vie de l'âme du petit enfant. Vous vous rappelez le choix d'objet selon le type « par étayage [7] », dont parle l'analyse ? La libido suit les voies des besoins narcissiques et s'attache aux objets qui en assurent la satisfaction. La mère, qui satisfait la faim, devient ainsi le premier objet d'amour et certainement aussi la première protection contre tous les dangers indéterminés qui menacent l'enfant dans le monde extérieur, elle devient si j'ose dire la première protection anti-peur.

La mère est bientôt relayée dans cette fonction par le père, plus fort, fonction qu'il conserve durant toute l'enfance. Mais une ambivalence particulière est attachée au rapport au père. Il était lui-même un danger, remontant peut-être au rapport antérieur à la mère. Ainsi, on ne le craint pas moins qu'on n'éprouve à son égard nostalgie et admiration. Les signes de cette ambivalence du rapport au père sont profondément inscrits dans toutes les religions, comme il est d'ailleurs exposé dans *Totem et tabou*. Dès lors que l'individu, en grandissant, remarque qu'il est destiné à rester toujours un enfant, qu'il ne pourra jamais se passer de protections contre les puissances étrangères supérieures, il prête à ces dernières les traits de la figure paternelle, il se crée des dieux qu'il craint, qu'il cherche à gagner à sa cause et auxquels il transfère pourtant le soin de sa protection. Ainsi, le motif de la nostalgie du père est identique au besoin de protection contre les suites de l'impuissance humaine ; la défense contre le désarroi infantile confère ses traits caractéristiques à la réaction contre le désarroi que doit reconnaître l'adulte, c'est-à-dire à la formation de la religion. Mais il n'est pas dans notre intention de poursuivre la recherche sur le développement de l'idée de dieu ; nous avons affaire ici au trésor déjà constitué des représentations religieuses, tel que la culture le transmet à l'individu.

V

Reprenons le fil de notre investigation : quelle est donc la signification psychologique des représentations religieuses, et comment pouvons-nous les classer ? Il n'est pas du tout facile, au premier abord, de répondre à cette question. Après avoir écarté différentes formulations, on s'arrêtera sur l'une d'entre elles : ce sont des dogmes, des assertions sur des faits et situations de la réalité extérieure (ou intérieure) qui font part de quelque chose qu'on n'a pas trouvé soi-même, et qui exigent qu'on leur prête foi. Et comme ils donnent des informations sur ce qui est le plus important et le plus intéressant dans la vie, ils sont tout particulièrement tenus en haute estime. Qui ne sait rien d'eux est très ignorant ; qui en a recueilli le savoir peut se tenir pour très enrichi.

Il y a naturellement beaucoup de ces dogmes sur les choses les plus diverses de ce monde. Chaque heure d'école en est pleine. Prenons le cours de géographie. On y entend : Constance est sur le Bodensee [8]. Une chanson étudiante ajoute : « Et si t'y crois pas, vas-y tu verras. » J'étais là-bas par hasard, et je peux confirmer que cette belle ville se dresse sur les bords d'une vaste étendue d'eau que tous les habitants alentours nomment Bodensee. Je suis maintenant moi aussi parfaitement convaincu de l'exactitude de cette affirmation géographique. Ce faisant, je me rappelle une autre expérience très remarquable. J'étais déjà un homme mûr lorsque je me suis tenu sur la colline de l'Acropole d'Athènes, parmi les ruines des temples, le regard posé sur la mer bleue. À mon bonheur se mêlait un sentiment d'étonnement qui m'inspira cette interprétation : ainsi donc, c'est vraiment comme nous l'avions appris à l'école ! Comme elle était sans force ni profondeur, cette foi que j'ai autrefois acquise en la vérité réelle de ce que j'entendais, pour que je puisse être aujourd'hui si étonné ! Mais je ne veux pas trop insister sur la signification de cette expérience ; il est encore une autre explication possible de mon étonnement, qui ne me vint pas alors à l'esprit, elle est de nature tout à fait subjective et tient à la particularité du lieu [9].

Ainsi, tous les dogmes de cette sorte réclament foi en leurs contenus, mais sans fonder leur exigence. Ils se donnent comme résultat raccourci d'un assez long processus de pensée, fondé sur l'observation, et certainement aussi sur la déduction ; à celui qui a l'intention de parcourir lui-même ce processus au lieu d'en accepter le résultat, ils en montrent la voie. On ajoute toujours aussi la source de la connaissance proclamée par le dogme s'il n'est pas, comme les affirmations géographiques, évident. Par exemple : la Terre a la forme d'une boule ; on avance pour preuves l'expérience du pendule de Foucault [10], le comportement de l'horizon, la possibilité de faire le tour de la Terre en bateau. Comme il est infaisable – tous les concernés le voient bien – d'envoyer tous les écoliers effectuer un tour de la Terre à la voile, on se contente de faire accepter les enseignements de l'école sur la base de la « bonne foi », mais on sait que la voie reste ouverte à la conviction personnelle.

Tentons de mesurer les dogmes religieux à l'aune du même principe. Si nous soulevons la question de savoir sur quoi se fonde leur prétention à être crus, nous recevons trois réponses qui s'accordent remarquablement mal entre elles. Premièrement, ils méritent croyance parce que nos ancêtres y croyaient déjà ; deuxièmement, nous possédons des preuves qui nous sont justement transmises depuis ces temps reculés ; troisièmement, il est absolument interdit de soulever la question de leur accréditation. Cette entreprise audacieuse était autrefois assortie des plus dures punitions, et aujourd'hui encore, la société ne voit pas d'un bon œil que quelqu'un la renouvelle.

Ce troisième point doit éveiller nos plus fortes préventions. Un tel interdit ne peut avoir qu'une motivation : la société sait très bien que l'exigence qu'elle formule pour ses doctrines religieuses est mal assurée. S'il en était autrement, elle mettrait certainement et de bon gré tout le matériel nécessaire à disposition de celui qui veut s'en convaincre par lui-même. C'est pourquoi nous abordons l'examen des deux autres arguments avec une méfiance difficile à apaiser. Nous devons croire, parce que nos ancêtres ont cru. Mais ces aïeux était largement plus ignorants que nous, ils ont cru à des choses qu'il nous est impossible d'accepter aujourd'hui. Se dessine la possibilité que les doctrines religieuses soient elles aussi d'une telle sorte. Les preuves qu'elles nous ont laissées sont consignées dans des écrits qui portent eux-mêmes tous les caractères de l'absence de fiabilité. Ils sont contradictoires, chargés de révisions, falsifiés ; là où ils font état d'une accréditation de fait, ils ne sont pas eux-mêmes accrédités. Lorsqu'il est affirmé que leur énoncé, ou même seulement leur contenu, a pour origine une révélation divine, cela n'aide pas beaucoup, car cette affirmation est déjà elle-même une part de ces doctrines dont la crédibilité doit être examinée, et aucune thèse ne saurait se prouver elle-même.

Ainsi, nous en arrivons à un résultat singulier : les messages de notre fonds culturel qui pourraient avoir la plus grande signification pour nous et auxquels la tâche est assignée d'élucider pour nous les énigmes du monde et de nous réconcilier avec les souffrances de la vie, sont ceux précisément dont l'accréditation est la plus faible de toutes. Nous ne pourrions nous résoudre à accepter un fait aussi indifférent pour nous que celui-ci : les baleines mettent bas leurs petits au lieu de pondre des œufs, si cela n'était pas mieux démontrable.

Cet état de fait est en soi un problème psychologique très remarquable. Et que personne n'aille croire que les remarques précédentes sur l'indémontrabilité des doctrines religieuses contiennent quelque chose de nouveau. Elle a été ressentie de tout temps, et certainement aussi par les aïeux qui ont laissé un tel héritage. Ils ont vraisemblablement nourri les mêmes doutes que nous, mais une trop forte pression pesait sur eux pour qu'ils eussent osé les exprimer. Et depuis, des hommes innombrables se sont torturés avec ces mêmes doutes qu'ils voulaient réprimer parce qu'ils se faisaient un devoir de croire ; beaucoup d'intelligences brillantes ont échoué sur ce conflit ; beaucoup de caractères ont pâti des compromis dans lesquels ils cherchaient une issue.

Si toutes les preuves que l'on avance en faveur de la crédibilité des dogmes religieux proviennent du passé, il va de soi qu'il faut regarder autour de nous pour voir si le présent, qu'on peut mieux juger, peut livrer lui aussi de telles preuves. Si l'on réussissait de la sorte à soustraire au doute ne serait-ce qu'une partie du système religieux, le tout y gagnerait extraordinairement en crédibilité. C'est ici qu'intervient l'activité des spirites, qui sont convaincus de la survie de l'âme individuelle et veulent nous faire la démonstration indubitable de ce point de doctrine religieuse. Malheureusement, ils ne réussissent pas à réfuter le fait que les apparitions et les paroles de leurs esprits ne sont que des productions de l'activité de leur propre âme. Ils ont cité à comparaître les esprits des plus grands hommes, des penseurs les plus excellents, mais toutes les paroles et informations qu'ils obtinrent d'eux étaient si ineptes, si désespérément vides de sens, que l'on ne peut rien trouver de crédible, sinon la capacité des esprits à s'adapter au cercle des hommes qui les évoquent.

Il faut à présent rappeler deux tentatives qui font l'impression d'un effort convulsif pour échapper au problème. L'une, de nature violente, est ancienne, l'autre est subtile et moderne. La première est le *Credo quia absurdum*[11] du Père de l'Église. Cela veut dire que les doctrines religieuses sont soustraites aux exigences de la raison, elles se tiennent au-dessus de la raison. Il faut ressentir leur vérité intérieurement, point n'est besoin de les comprendre. Seulement, ce *Credo* n'est intéressant qu'à titre de confession de soi : comme argument d'autorité, il n'oblige pas. Serais-je obligé de croire n'importe quelle absurdité ? Et sinon, pourquoi précisément celle-ci ? Il n'y a pas d'instance au-dessus de la raison. Si la vérité des doctrines religieuses est dépendante d'une expérience intérieure qui prouve cette vérité, que fait-on des hommes nombreux qui ne font pas cette expérience si rare ? On peut exiger de tous les hommes qu'ils fassent usage de la raison qui leur a été donnée, mais on ne peut édifier un devoir valable pour tous sur un motif qui n'existe que chez un tout petit nombre. Si l'un a gagné, à partir d'un état extatique le touchant profondément, l'inébranlable conviction de la vérité réelle des doctrines religieuses, qu'est-ce que cela signifie pour l'autre ?

La seconde tentative est celle de la philosophie du « comme si ». Elle explique qu'il y a dans notre activité de pensée toute une profusion d'hypothèses dont nous voyons pleinement l'absence de fondement, voire l'absurdité. Elles sont appelées fictions, mais par une multitude de motifs pratiques, nous devrions nous comporter « comme si » nous croyions à ces fictions. Cela vaudrait pour les doctrines religieuses, à cause de leur importance incomparable pour le maintien de la société humaine *.

* J'espère ne pas commettre d'injustice en faisant du philosophe du « comme si » le représentant d'un point de vue qui n'est pas non plus étranger à d'autres penseurs. Cf. H. Vaihinger, *La Philosophie du « comme si »*, 7e et 8e éditions, 1922, p. 68 : « Nous incluons dans le cercle de la fiction non seulement des opérations théoriques indifférentes, mais aussi des formations conceptuelles imaginées par

Cette argumentation n'est pas très éloignée du *Credo quia absurdum*. Mais je pense que l'exigence du « comme si » est telle que seul un philosophe peut la poser. L'homme qui n'est pas influencé dans sa pensée par les artifices de la philosophie ne pourra jamais l'accepter, pour lui tout est réglé du moment qu'on avoue que cela est absurde et contredit la raison. Il ne peut être tenu, précisément dans le traitement de ses intérêts les plus importants, de renoncer à des assurances qu'il exige pour toutes ses activités habituelles. Je me souviens de l'un de mes enfants, qui se distinguait précocement par un sens particulièrement marqué de l'objectivité. Lorsqu'on racontait aux enfants un conte qu'ils écoutaient avec recueillement, lui les rejoignait et demandait : est-ce que c'est une histoire vraie ? Après qu'on lui avait dit que non, il se retirait avec un air dédaigneux. Il faut s'attendre à ce que les hommes se conduisent bientôt de manière semblable à l'égard des contes religieux, malgré le plaidoyer du « comme si ».

Mais de notre temps, ils se conduisent encore tout différemment, et dans les temps passés, les représentations religieuses, malgré leur incontestable manque d'accréditation, ont exercé sur l'humanité l'influence la plus forte de toutes. C'est là un nouveau problème psychologique. On doit demander en quoi consiste la force intérieure de ces doctrines, à quelle circonstance elles doivent une efficacité indépendante de leur reconnaissance par la raison.

---

les hommes les plus nobles, auxquelles s'attache le cœur de la part la plus noble de l'humanité, et que celle-ci ne se laisse pas arracher. Et nous ne voulons pas non plus le faire – nous laissons tout subsister en tant que fiction pratique – mais c'est en tant que vérité théorique que cela meurt. »

VI

Je pense que nous avons suffisamment préparé la réponse à ces deux questions. Elle se dégage lorsque nous considérons la genèse psychique des représentations religieuses. Celles-ci, qui se donnent pour des dogmes, ne sont pas des précipités de l'expérience ou d'ultimes résultats de la pensée ; ce sont des illusions, des accomplissements des désirs les plus anciens, les plus forts et les plus pressants de l'humanité ; le secret de leur force est la force de ces désirs. Nous savons déjà que l'impression effrayante de l'impuissance infantile a éveillé le besoin de protection – protection par l'amour – auquel le père a apporté son aide ; la reconnaissance de la persistance de cette impuissance tout au long de la vie a causé l'attachement à l'existence d'un père désormais plus puissant. La peur devant les dangers de la vie est apaisée par le règne bienveillant de la Providence ; l'établissement d'un ordre moral du monde assure l'accomplissement de l'exigence de justice, qui est restée si souvent inaccomplie à l'intérieur de la culture humaine ; le prolongement de l'existence terrestre par une vie future adjoint le cadre spatial et temporel dans lequel l'accomplissement des désirs doit s'effectuer. Pour les questions posées au désir humain de savoir par des énigmes comme la genèse du monde ou le rapport entre l'âme et le corps, des réponses sont développées selon les présupposés de ce système ; cela signifie pour la psyché individuelle un formidable soulagement, lorsqu'elle voit écartés d'elle les conflits de l'enfance jamais vraiment surmontés, au profit d'une solution admise par tous.

Lorsque je dis : tout cela, ce sont des illusions, je dois délimiter la signification du mot. Une illusion n'est pas la même chose qu'une erreur, elle n'est d'ailleurs pas nécessairement une erreur. L'opinion d'Aristote selon laquelle la vermine se développe à partir de l'ordure, opinion à laquelle le peuple ignorant reste encore attaché aujourd'hui, était une erreur, de même que celle selon laquelle, pour une ancienne génération de médecins, la *tabes dorsalis*[12] serait la conséquence d'une débauche sexuelle. Il serait abusif d'appeler ces erreurs des illusions. En revanche, pour Christophe Colomb, c'était une illusion de croire qu'il avait découvert une nouvelle route maritime vers l'Inde. La part de désir, dans cette erreur, est très nette. On peut qualifier d'illusion l'affirmation de certains nationalistes selon laquelle les Indo-Germains[13] seraient la seule race humaine capable de culture, ou la croyance – que la psychanalyse a été la première à détruire – selon laquelle l'enfant serait un être sans sexualité. Ce qui reste caractéristique de l'illusion, c'est qu'elle dérive de désirs humains ; elle se rapproche en ce sens de l'idée délirante en psychiatrie, mais elle s'en distingue par ailleurs, abstraction faite de la construction plus compliquée de l'idée délirante. Dans l'idée délirante, nous mettons en avant, comme essentielle, la contradiction avec la réalité ; l'illusion n'est pas nécessairement fausse, c'est-à-dire irréalisable ou en contradiction avec la réalité. Une jeune fille de la bourgeoisie peut nourrir par exemple l'illusion qu'un prince viendra la chercher. C'est possible, quelques cas de cette sorte se sont produits. Que le Messie vienne et fonde un Âge d'or, c'est largement moins vraisemblable ; selon sa position personnelle, celui qui jugera de cette croyance la classera comme illusion ou comme analogue d'une idée délirante. Par ailleurs, des exemples d'illusions s'étant révélées vraies ne sont pas faciles à trouver. Mais telle pourrait bien être l'illusion des alchimistes de pouvoir transformer tout métal en or. Le désir d'avoir beaucoup d'or, d'en avoir autant que possible, est très atténué par notre compréhension actuelle des conditions de la richesse, et pourtant la chimie ne tient plus pour impossible la transformation des métaux en or. Nous appelons donc une croyance *illusion* lorsque, dans sa motivation, c'est l'accomplissement d'un désir qui s'impose en premier lieu ; et dans ce cas nous faisons abstraction de la réalité, de la même façon que l'illusion elle-même renonce à ses accréditations.

Si, selon cette orientation, nous nous tournons à nouveau vers les doctrines religieuses, nous pouvons le répéter : dans leur ensemble, elles sont des illusions, indémontrables ; personne ne peut être contraint de les tenir pour vraies et d'y croire. Certaines d'entre elles sont si invraisemblables, si contradictoires avec tout ce que nous avons péniblement appris de la réalité du monde, que nous pouvons – en tenant compte comme il convient des différences psychologiques – les comparer aux idées délirantes. On ne peut juger de la valeur de réalité de la plupart d'entre elles. Elles sont tout aussi indémontrables qu'irréfutables. On en sait encore trop peu pour les approcher de manière critique. Les énigmes du monde ne se dévoilent que lentement à nos recherches, il y a beaucoup de questions auxquelles la science, aujourd'hui encore, ne peut apporter de réponse. Mais le travail scientifique est pour nous la seule voie qui puisse nous mener à la connaissance de la réalité qui nous est extérieure. C'est, encore une fois, une illusion que d'attendre quelque chose de l'intuition et de la plongée au fond de nous-mêmes ; elles ne peuvent nous donner rien d'autre que des révélations – difficiles à interpréter – sur la vie propre de notre âme, mais jamais des informations sur les questions auxquelles la doctrine religieuse trouve si facilement des réponses. Laisser son propre arbitraire s'introduire dans la brèche et déclarer plus ou moins acceptable telle ou telle partie du système religieux selon son estimation personnelle, ce serait sacrilège. Ces questions sont trop importantes pour cela, j'aurais envie de dire : trop sacrées.

À ce point, nous devons être préparés à l'objection suivante : si même les sceptiques endurcis concèdent que les affirmations de la religion ne peuvent être réfutées par la raison, pourquoi ne devrais-je pas y croire, puisqu'elles ont tant de choses pour elles – la tradition, l'unanimité des hommes, et tout ce que leur contenu a de réconfortant ? Pourquoi non ? De même que personne ne peut être contraint de croire, personne ne peut l'être de ne pas croire. Mais qu'on ne se leurre pas soi-même en se plaisant à penser qu'on est, par de telles raisons, sur la voie de la pensée correcte. Si jamais une « mauvaise excuse » doit être condamnée, c'est ici. L'ignorance, c'est l'ignorance ; il n'en dérive aucun droit à croire quelque chose. Aucun homme raisonnable ne se comportera dans d'autres domaines avec tant de légèreté, jamais il ne se satisfera d'aussi misérables raisons pour juger et prendre parti, et ce n'est que pour les choses les plus hautes et les plus sacrées qu'il s'y sent autorisé. En réalité, ce ne sont que des efforts pour faire miroiter, à ses propres yeux et à ceux des autres, qu'on tient encore à la religion, alors qu'on s'en est détaché depuis fort longtemps. Lorsqu'il s'agit de questions religieuses, les hommes se rendent coupables de toutes les malhonnêtetés, de toutes les mauvaises habitudes intellectuelles possibles. Les philosophes étendent à l'excès la signification des mots, jusqu'à ce qu'il ne reste guère plus rien de leur sens originel, ils nomment « Dieu » n'importe quelle vague abstraction qu'ils se sont créée, et les voilà désormais, aux yeux du monde, déistes, croyants en Dieu, ils se vantent d'avoir reconnu un concept de Dieu plus haut et plus pur, alors que leur Dieu n'est bien plutôt qu'une ombre sans substance, et non plus la personnalité puissante de la doctrine religieuse. Les critiques persistent à déclarer « profondément religieux » un homme qui se reconnaît le sentiment de la petitesse et de l'impuissance humaines devant la totalité du monde, alors que ce n'est pas ce sentiment qui fait l'essence de la religiosité, mais seulement le pas suivant : la réaction qui cherche un secours contre ce sentiment. Celui qui ne va pas plus loin, qui se contente humblement du rôle infime de l'homme dans le vaste monde, celui-là est bien plutôt irréligieux dans le sens le plus vrai du mot.

Il n'est pas dans le projet de cette investigation de prendre position sur la valeur de vérité des doctrines religieuses. Il nous suffit de les avoir reconnues, dans leur nature psychologique, pour des illusions. Mais nous n'avons pas besoin de dissimuler le fait que cette mise à découvert influence fortement aussi notre position face à la question qui doit apparaître à beaucoup comme la plus importante. Nous savons à peu près à quelles époques les doctrines religieuses ont été créées, et par quel type d'hommes. Si nous apprenons en outre pour quels motifs elles l'ont été, alors notre point de vue sur le problème religieux connaîtra un déplacement remarquable. Nous nous disons que ce serait vraiment très beau qu'il y eût un Dieu créateur de mondes et une Providence pleine de bonté, un ordre moral du monde et une vie dans l'Au-delà, mais il serait toutefois très frappant que tout cela soit tel que nous devions le souhaiter. Et il serait encore plus singulier que nos aïeux, dans leur pauvreté, leur ignorance et leur absence de liberté, aient eu le bonheur de trouver la solution à toutes ces difficiles énigmes du monde.

VII

Dès que nous avons reconnu les doctrines religieuses pour des illusions, surgit aussitôt cette nouvelle question : tel autre fonds culturel, que nous estimons hautement et que nous laissons dominer notre vie, n'est-il pas aussi de nature semblable ? Les présupposés qui régissent nos dispositifs étatiques ne doivent-ils pas de même être appelés illusions ? Les relations entre les sexes dans notre culture ne sont-elles pas troublées par une ou plusieurs illusions érotiques ? Notre méfiance une fois suscitée, nous ne reculerons pas non plus devant l'effrayante question de savoir s'il y a un meilleur fondement à notre conviction de pouvoir apprendre quelque chose de la réalité extérieure par l'application de l'observation et de la pensée dans le travail scientifique. Rien ne doit nous retenir de juger bon d'appliquer l'observation à notre propre essence et d'employer la pensée à sa propre critique. Une série d'investigations s'ouvre ici, dont le résultat devrait être décisif pour l'édification d'une « vision du monde ». Nous pressentons aussi qu'un tel effort ne sera pas gaspillé, et qu'il apportera, au moins partiellement, une justification à notre défiance. Mais les facultés de l'auteur se refusent à une si vaste mission, il est forcé de réduire son travail à la poursuite d'une seule de ces illusions – et c'est l'illusion religieuse.

La voix forte de notre adversaire nous ordonne à présent de faire halte. On nous demande des comptes sur ce que nous avons fait d'interdit. Il nous dit :

« L'intérêt archéologique est vraiment très louable, mais on n'entame pas de fouilles si c'est pour saper les habitations des vivants de sorte qu'elles s'effondrent et ensevelissent les hommes sous leurs décombres. Les doctrines religieuses ne sont pas un objet sur lequel on peut ratiociner comme sur n'importe quel autre. C'est sur elles qu'est bâtie notre culture : le maintien de la société humaine a pour présupposé la croyance de la majorité des hommes à ces doctrines. Si l'on enseigne aux hommes qu'il n'y a pas de Dieu tout de puissance et de justice, pas d'ordre divin du monde et pas de vie future, alors ils se sentiront dégagés de tout devoir de suivre les prescriptions de la culture. Sans frein, libre de toute peur, chacun suivra ses pulsions égoïstes et asociales, cherchera à exercer sa puissance, le chaos recommencera, que nous avons mis des millénaires de travail culturel à bannir. Même si l'on savait et pouvait prouver que la religion ne détient pas la vérité, on devrait le taire et se comporter comme l'exige la philosophie du “comme si”. Dans l'intérêt de la conservation de tous ! Et, abstraction faite du caractère dangereux de l'entreprise, c'est aussi une cruauté gratuite. Des hommes innombrables trouvent dans les doctrines de la religion leur seule consolation, ce n'est qu'avec leur aide qu'ils supportent la vie. On veut leur ravir ce soutien, et on n'a rien de mieux à leur donner en échange. Il a été admis que la science de notre temps ne peut pas grand-chose, mais fût-elle beaucoup plus avancée, elle ne suffirait pas aux hommes. L'homme a d'autres besoins impérieux que la froide science ne pourra jamais satisfaire, et il est très singulier – c'est tout simplement un sommet d'inconséquence – qu'un psychologue qui a toujours souligné combien, dans la vie des hommes, l'intelligence s'efface devant la vie pulsionnelle, s'efforce maintenant de ravir aux hommes la précieuse satisfaction de leurs désirs et veuille les en dédommager par des nourritures intellectuelles. »

Voilà bien des accusations à la fois ! Mais je suis prêt à les réfuter toutes, et qui plus est, je défendrai l'affirmation qu'il y a un danger plus grand pour la culture à maintenir son rapport actuel à la religion qu'à le défaire. Seulement, je ne sais pas trop par où commencer ma réfutation.

Peut-être par l'assurance que je tiens moi-même mon entreprise pour entièrement inoffensive et sans danger. Cette fois, la surévaluation de l'intellect n'est pas de mon côté. Si les hommes sont bien comme le décrivent les adversaires – et je ne saurais les contredire –, alors il n'y a aucun danger que le pieux croyant se laisse arracher sa foi, subjugué par mes explications. En outre, je n'ai rien dit que d'autres hommes, meilleurs que moi, n'aient déjà dit de manière bien plus complète, plus forte et plus impressionnante. Les noms de ces hommes sont connus ; je ne les citerai pas, il ne faudrait pas donner l'impression que je veuille me ranger parmi eux. Simplement – et c'est le seul élément nouveau de ma présentation –, j'ai ajouté à la critique de mes grands prédécesseurs un certain fondement psychologique. Que précisément cet ajout ait l'effet contraignant qui leur a manqué, voilà ce qu'il ne faut guère attendre. On pourrait certes me demander à présent pourquoi on écrit de telles choses si l'on est sûr qu'elles n'auront aucun effet. Mais nous reviendrons plus tard là-dessus.

Le seul à qui cette publication puisse porter préjudice, c'est moi-même. J'entendrai les reproches les moins aimables : caractère superficiel, borné, manque d'idéalisme et de compréhension pour les intérêts suprêmes de l'humanité. Mais, d'une part, ces remontrances ne sont pas nouvelles pour moi, et d'autre part, lorsque quelqu'un, dès ses jeunes années, est passé par-dessus le fait de déplaire à ses contemporains, qu'est-ce que cela peut lui faire dans sa vieillesse, alors qu'il est sûr d'être soustrait bientôt à toute faveur ou défaveur ? En des temps plus anciens, c'était différent : par de tels propos, on s'assurait de voir réduite son existence terrestre, et d'avoir bien plus rapidement l'occasion de se faire sa propre expérience de l'Au-delà. Mais, je le répète, ces temps sont révolus, et aujourd'hui, une telle littérature est sans danger, même pour son auteur. Tout au plus un livre ne pourra-t-il être traduit et diffusé dans tel ou tel pays. Et naturellement, dans un pays qui justement se sentira sûr de son haut degré de culture. Mais lorsqu'on plaide de manière générale pour le renoncement aux désirs et la soumission au destin, on doit pouvoir supporter aussi ce préjudice.

Puis surgit en moi la question de savoir si la publication de cet écrit ne pourrait pas cependant être néfaste à quelqu'un. Certes, non pas à une personne, mais à une cause, la cause de la psychanalyse. On ne peut nier qu'elle soit ma création, on lui a témoigné bien assez de méfiance et de malveillance ; si je me signale maintenant par des propos si déplaisants, on ne sera que trop prêt à passer de ma personne à la psychanalyse. On voit maintenant, dira-t-on, où conduit la psychanalyse. Le masque est tombé ; elle mène à renier Dieu et l'idéal moral, comme on l'a toujours supposé. Pour nous empêcher de faire cette découverte, on nous a fait miroiter que la psychanalyse n'a pas de vision du monde et ne pouvait en former aucune.

Ce bruit me sera vraiment désagréable, à cause de mes nombreux collaborateurs, dont beaucoup ne partagent absolument pas ma position à l'égard des problèmes religieux. Mais la psychanalyse a déjà essuyé de nombreuses tempêtes, on doit encore l'exposer à celle-ci. En réalité, la psychanalyse est une méthode de recherche, un instrument impartial, un peu comme le calcul infinitésimal. Si à l'aide de ce dernier, un physicien devait en arriver au résultat que la Terre disparaîtra après un certain temps donné, on aura des scrupules à attribuer au calcul lui-même des tendances destructrices et à le mettre au ban pour cela. Tout ce que j'ai dit ici contre la valeur de vérité des religions n'avait pas besoin de la psychanalyse, cela a été dit par d'autres longtemps avant son existence. Si l'on peut obtenir par l'application de la méthode psychanalytique un nouvel argument contre le contenu de vérité de la religion, *tant pis*[14] pour la religion, mais les défenseurs de la religion auront le même droit de se servir de la psychanalyse pour estimer pleinement l'importance affective de la doctrine religieuse.

Et maintenant, pour poursuivre la défense : la religion a manifestement rendu de grands services à la culture humaine, elle a beaucoup contribué à dompter les pulsions asociales – mais pas assez. Elle a dominé pendant de nombreux millénaires la société humaine ; elle a eu le temps de montrer ce qu'elle pouvait faire. Si elle avait réussi à rendre heureux la majorité des hommes, à les consoler, à les réconcilier avec la vie, à faire d'eux des porteurs de culture, il ne viendrait à l'idée de personne d'aspirer à un changement des conditions existantes. Au lieu de cela, que voyons-nous ? Qu'un nombre effrayant d'hommes sont insatisfaits de la culture et y sont malheureux, qu'ils la ressentent comme un joug que l'on doit secouer, que ces hommes ou bien emploient toutes leurs forces à changer cette culture, ou bien vont si loin dans leur hostilité à la culture qu'ils ne veulent absolument rien savoir de la culture et de la restriction des pulsions. On nous objectera ici que cette situation vient précisément de ce que la religion a perdu une part de son influence sur les masses humaines, et justement à cause du regrettable effet des progrès de la science. Nous prendrons note de cet aveu et de ce qui le fonde, et nous le réutiliserons plus tard pour servir à nos intentions, mais l'objection elle-même est sans force.

Il est douteux qu'à l'époque du règne illimité des doctrines religieuses, les hommes aient été dans l'ensemble plus heureux qu'aujourd'hui, et ils n'étaient assurément pas plus moraux. Ils se sont toujours entendus à rendre extérieures les prescriptions religieuses et par là à rendre vaines les intentions de ces dernières. Les prêtres, qui devaient veiller à l'obéissance envers la religion, allaient ce faisant dans leur sens. La bonté de Dieu devait arrêter le bras de sa justice : on péchait et puis on offrait des sacrifices ou on faisait pénitence, et puis on était libre de pécher à nouveau. L'intériorité russe, dans son élan, est allée jusqu'à conclure que le péché était indispensable pour jouir de toutes les félicités de la grâce divine, et ainsi qu'il était, au fond, une œuvre agréable à Dieu. Il est notoire que les prêtres ne purent maintenir la soumission des masses à la religion qu'en ménageant de grandes concessions à la nature pulsionnelle de l'homme. On en resta là : Dieu seul est fort et bon ; l'homme, lui, est faible et pécheur. De tous temps, l'immoralité n'a pas trouvé dans la religion un moindre soutien que la moralité. Si tout le travail de la religion concernant le bonheur des hommes, leur aptitude à la culture et leurs limites morales n'est pas meilleur, alors la question se pose de savoir si nous ne surestimons pas sa nécessité pour l'humanité, et si nous sommes bien sages de fonder sur elle nos exigences culturelles.

Que l'on réfléchisse à la situation présente, qu'on ne peut méconnaître. Nous avons entendu concéder que la religion n'a plus sur les hommes la même influence qu'auparavant (il s'agit ici de la culture chrétienne européenne). Non pas parce que ses promesses sont devenues moindres, mais parce qu'elles apparaissent moins crédibles aux hommes. Reconnaissons que ce changement a pour cause le renforcement de l'esprit scientifique dans les couches supérieures de la société humaine (ce n'est peut-être pas la seule cause). La critique a entamé la force probante des documents religieux, les sciences de la nature ont montré les erreurs qu'ils contiennent, la recherche comparative a été frappée par la fatale similitude des représentations religieuses que nous honorons avec les productions de l'esprit des peuples et des temps primitifs.

L'esprit scientifique engendre une certaine manière de se situer par rapport aux choses de ce monde ; devant les choses de la religion, il fait halte un moment, frémit, et finalement il franchit là aussi le seuil. Il n'y a pas d'arrêt dans ce processus, plus les trésors de notre savoir se font accessibles aux hommes, plus se répand l'abandon de la croyance religieuse, d'abord de ses oripeaux démodés et choquants, mais ensuite aussi de ses présupposés fondamentaux. Les Américains qui ont intenté le procès du singe à Dayton [15] se sont montrés seuls conséquents. Pour le reste, la transition, inévitable, s'accomplit en passant par des demi-mesures et des malhonnêtetés.

La culture a peu à craindre des hommes cultivés et des travailleurs de l'esprit. Chez eux, le remplacement des motifs religieux d'un comportement culturel par d'autres motifs, profanes, se ferait sans bruit ; en outre, ils sont eux-mêmes, pour une bonne part, porteurs de culture. Il en est autrement pour la grande masses des incultes, des opprimés, qui ont toutes les raisons d'être des ennemis de la culture. Tant qu'ils n'apprennent pas que l'on ne croit plus en Dieu, tout va bien. Mais ils l'apprennent, immanquablement, même si mon présent écrit n'est pas publié. Et ils sont prêts à accepter les résultats de la pensée scientifique, sans que le changement apporté en l'homme par la pensée scientifique se soit établi en eux. N'y a-t-il pas là le danger que l'hostilité de ces masses ne se précipite sur le point faible qu'ils ont reconnu dans la culture, cette maîtresse qui règne sur eux par la contrainte ? Si l'on n'a pas le droit de frapper mortellement son prochain pour la seule raison que le bon Dieu l'a interdit et le punira lourdement dans cette vie ou dans l'autre, mais que l'on apprend qu'il n'y a pas de bon Dieu, que l'on n'a pas besoin de craindre son châtiment, alors on frappera sûrement son prochain sans scrupule et l'on ne pourra en être dissuadé que par un pouvoir terrestre. Ainsi : ou bien contenir de la manière la plus sévère ces masses dangereuses, leur barrer avec le plus grand soin toute occasion d'un éveil de l'esprit, ou bien réviser de fond en comble la relation entre culture et religion.

VIII

On pourrait penser qu'aucune difficulté particulière ne fait obstacle à l'exécution de cette dernière proposition. Il est vrai que l'on renonce alors à quelque chose, mais on obtient peut-être plus, et l'on évite un grand danger. Mais on s'en effraie comme si l'on exposait ce faisant la culture à un danger encore plus grand. Lorsque saint Boniface [16] fit abattre l'arbre sacré vénéré par les Saxons, ceux qui étaient présents s'attendirent à ce qu'un événement terrible suivît le sacrilège. Rien n'arriva, et les Saxons reçurent le baptême.

Si la culture a établi le commandement de ne pas tuer le voisin que l'on hait, qui nous fait obstacle ou dont on convoite les biens, c'est manifestement dans l'intérêt de la vie en commun des hommes, qui serait sans cela irréalisable. Car le meurtrier s'attirerait la vengeance des proches de la victime et la sourde envie des autres, qui, de même, sont intérieurement enclins à commettre un tel acte de violence. Ainsi, il ne jouirait pas longtemps de sa vengeance ou de son butin, mais aurait toutes les chances d'être lui-même bientôt frappé. Même s'il se protégeait de son ennemi isolé par une force et une prudence extraordinaires, il succomberait forcément à l'union d'hommes plus faibles. Si une telle union ne se constituait point, le meurtre se poursuivrait indéfiniment, jusqu'à ce qu'à la fin, les hommes s'exterminassent mutuellement. Il y aurait entre individus la même situation que celle qui persiste encore en Corse entre familles, et ailleurs entre nations seulement. Le danger d'une vie incertaine, qui est le même pour tous, réunit désormais les hommes en une société qui interdit à l'individu de tuer et se réserve pour elle-même le droit de tuer collectivement celui qui transgresse l'interdit. Cela, c'est alors la justice et la peine.

Ce fondement rationnel de l'interdiction de tuer, nous ne le communiquons pas, mais nous affirmons que c'est Dieu qui a édicté l'interdit. Nous nous permettons donc de deviner ses intentions et nous trouvons que lui non plus ne veut pas que les hommes s'exterminent entre eux. En procédant ainsi, nous revêtons l'interdit culturel d'une solennité particulière, mais nous risquons ce faisant d'en rendre le respect dépendant de la croyance en Dieu. Faisant un pas en arrière, n'imputant plus à Dieu notre volonté et nous contentant du fondement social, nous avons certes renoncé à cette transfiguration de l'interdit culturel, mais aussi évité sa mise en péril. Mais nous gagnons encore quelque chose d'autre. Par une sorte de diffusion ou d'infection, le caractère de la sainteté, de l'inviolabilité, de l'au-delà, pourrait-on dire, propres à quelques grands et rares interdits, s'étend à tous les autres dispositifs, lois et décrets culturels. Mais souvent, le visage de ces derniers porte mal l'auréole de la sainteté ; non pas seulement qu'ils s'invalident les uns les autres par des décisions opposées selon le temps et le lieu, mais encore parce qu'ils arborent tous les signes de l'insuffisance humaine. On reconnaît facilement parmi eux ce qui ne peut être que le produit d'une anxiété à courte vue, l'expression d'intérêts étroits ou la conséquence de présupposés trop faibles. La critique qu'on doit exercer sur eux rabaisse aussi, dans des proportions regrettables, le respect pour d'autres exigences culturelles plus justifiées. Comme c'est une tâche délicate de départager ce que Dieu a lui-même exigé et ce qui se déduit plutôt de l'autorité d'un parlement tout-puissant ou d'un haut magistrat, il serait indubitablement avantageux de laisser Dieu tout simplement hors jeu, et d'admettre honnêtement l'origine purement humaine de tous les dispositifs et prescriptions culturels. Avec la prétention à la sainteté, tomberaient aussi la rigidité et l'immutabilité de ces interdits et de ces lois. Les hommes pourraient comprendre que ceux-ci ont été créés, non pas tant pour les dominer, que bien plutôt pour servir leurs intérêts, ils y gagneraient un rapport plus amical avec eux, et se donneraient seulement pour but, au lieu de les abolir, de les améliorer. Ce serait un progrès important sur la voie qui mène à la réconciliation avec la pression de la culture.

Mais notre plaidoyer pour un fondement purement rationnel des prescriptions culturelles, c'est-à-dire pour les ramener à une nécessité sociale, est ici soudain interrompu par un scrupule. Nous avons choisi pour exemple la naissance de l'interdit du meurtre. Notre exposé correspond-il à la vérité historique ? Nous craignons que non, et il semble n'être qu'une construction rationaliste. Nous venons d'étudier ce pan de l'histoire culturelle humaine à l'aide de la psychanalyse, et sur la base de ces efforts, nous devons bien dire qu'il en fut autrement en réalité. Même chez l'homme d'aujourd'hui, des motifs purement rationnels ne peuvent pas grand-chose contre les impulsions passionnelles ; combien ils doivent avoir été encore plus impuissants chez l'animal humain des temps originaires ! Peut-être leurs descendants se frapperaient-ils encore aujourd'hui mortellement les uns les autres, sans frein, si parmi ces actes meurtriers il n'en avait été un, le meurtre du père primitif, qui eût suscité une réaction affective irrésistible et lourde de conséquence. C'est de celle-ci que vient le commandement « Tu ne tueras point », que le totémisme a restreint au substitut du père, qui fut ultérieurement étendu à d'autres, et qui aujourd'hui encore n'est pas suivi sans exception.

Mais ce père originaire, selon des développements que je n'ai pas besoin de répéter ici, a été l'image originaire de Dieu, le modèle d'après lequel les générations ultérieures ont formé la figure de Dieu. Par conséquent, l'explication religieuse a raison : Dieu a vraiment participé à la naissance de cet interdit, c'est son influence, et non la compréhension de la nécessité sociale, qui l'a créé. Et le déplacement sur Dieu de la volonté humaine est pleinement justifié, car les hommes savaient qu'ils avaient violemment éliminé le père, et en réaction à leur acte sacrilège, ils se sont proposé de respecter dorénavant sa volonté. La doctrine religieuse nous fait donc part de la vérité historique, certes un peu transformée et déguisée ; notre explication rationnelle la dénie.

Nous remarquons maintenant que le trésor des représentations religieuses ne contient pas seulement l'accomplissement de désirs, mais aussi des réminiscences historiques significatives. Quelle incomparable plénitude de puissance cet effet conjugué du passé et de l'avenir a-t-il dû conférer à la religion ! Mais peut-être qu'à l'aide d'une analogie, poindra pour nous une nouvelle façon de voir les choses. Il n'est pas bon de déplacer les concepts trop loin du sol où ils ont poussé, mais il nous faut donner une expression à cette concordance. De l'enfant de l'homme, nous savons qu'il ne peut effectuer son développement vers la culture sans passer par une phase plus ou moins nette de névrose. Cela vient de ce que l'enfant ne peut réprimer par un travail rationnel de l'esprit tant d'exigences pulsionnelles inutiles pour plus tard, mais qu'il doit les dompter par des actes de refoulement, derrière lesquels, en règle générale, se tient un motif de peur. La plupart de ces névroses d'enfant sont spontanément surmontées pendant la croissance, c'est en particulier le destin des névroses de contrainte [17] de l'enfance. Quant au reste, le traitement psychanalytique doit encore mettre de l'ordre ultérieurement. De manière tout à fait similaire, on devrait admettre que l'humanité, considérée comme un tout, entre durant son développement séculaire dans des états analogues à la névrose, et d'ailleurs pour les mêmes raisons, parce que, à ses époques d'ignorance et de faiblesse intellectuelle, elle n'a pu réaliser les renoncements pulsionnels indispensables à la vie en commun qu'au moyen de forces purement affectives. Les précipités de processus similaires au refoulement survenus dans les temps originaires seraient restés encore longtemps attachés à la culture. La religion serait la névrose de contrainte de l'humain en général ; elle serait née, comme celle de l'enfant, du complexe d'Œdipe, de la relation au père. D'après cette conception, il serait à prévoir que le geste de se détourner de la religion doive s'accomplir avec la fatale inexorabilité d'un processus de croissance, et que nous nous trouvions en ce moment même au beau milieu de cette phase de développement.

Notre comportement devrait alors se modeler sur celui d'un éducateur compréhensif qui ne s'oppose pas à une reconfiguration imminente, mais la favorise et cherche à endiguer la violence de sa percée. Toutefois, l'essence de la religion ne s'épuise pas dans cette analogie. Si d'un côté elle apporte des restrictions de contrainte comme seule peut le faire une névrose de contrainte individuelle, elle contient d'un autre côté un système d'illusions créées par le désir, avec déni de la réalité, comme nous n'en trouvons isolément que dans l'*amentia*, un état bienheureux de confusion hallucinatoire. Ce ne sont là que des comparaisons grâce auxquelles nous nous efforçons de comprendre le phénomène social ; la pathologie individuelle ne nous en donne pas de pendant pleinement valable.

Il a été indiqué à plusieurs reprises (par moi-même et particulièrement par Th. Reik)[18] jusque dans quels détails on peut poursuivre l'analogie de la religion avec une névrose de contrainte, et combien de particularités et de destins de la formation de la religion on peut comprendre par cette voie. Cela concorde bien aussi avec le fait que le croyant est protégé à un haut degré contre le danger de certaines affections névrotiques ; l'adoption de la névrose générale le relève de la tâche de former une névrose personnelle.

La connaissance de la valeur historique de certaines doctrines religieuses augmente notre respect pour elles, mais n'invalide pas notre proposition de les retirer du nombre des motivations des prescriptions culturelles. Au contraire ! C'est à l'aide de ces restes historiques que se sont présentés à nous les dogmes religieux conçus pour ainsi dire comme des reliquats névrotiques, et nous pouvons dire désormais, comme dans le traitement analytique du névrosé, qu'il est vraisemblablement temps de remplacer les succès du refoulement par les résultats d'un travail rationnel de l'esprit. Que dans ce remaniement, on n'en reste pas à renoncer à la transfiguration solennelle des prescriptions culturelles, et que pour beaucoup, une révision générale de celles-ci ait pour conséquence leur suppression, voilà qui est à prévoir, mais guère à regretter. La tâche qui nous incombe, et qui consiste en la réconciliation des hommes avec la culture, sera résolue largement par cette voie. Nous ne devons pas être désolés de renoncer à la vérité historique par une motivation rationnelle des prescriptions culturelles. Les vérités que contiennent les doctrines religieuses sont si déformées et si systématiquement déguisées que la masse des hommes ne peut les reconnaître comme vérité. C'est un peu comme lorsque nous racontons à l'enfant que c'est la cigogne qui apporte les nouveau-nés. Là aussi nous disons la vérité sous un voile symbolique, car nous savons ce que signifie ce grand oiseau. Mais l'enfant ne le sait pas, il n'en retient que la part déformée, se considère trompé, et nous savons combien sa méfiance à l'égard des adultes et ses réticences se rattachent souvent justement à cette impression. Nous en sommes arrivés à la conviction qu'il vaut mieux s'abstenir de communiquer la vérité sous de tels voiles symboliques, et ne pas frustrer l'enfant d'une connaissance des conditions réelles, adaptée au stade intellectuel où il se trouve.

IX

« Vous vous autorisez des contradictions qui sont difficiles à concilier. Vous commencez par affirmer qu'un écrit comme le vôtre est tout à fait sans danger. Que personne ne se laissera ravir sa croyance religieuse par de tels débats. Mais puisqu'il est pourtant dans votre intention, comme cela se révèle plus tard, de perturber cette croyance, on est en droit de demander : pourquoi au juste le publiez-vous ? À un autre moment, vous concédez bien cependant qu'il est dangereux, qu'il peut même devenir très dangereux que quelqu'un apprenne qu'on ne croit plus en Dieu. Il était jusque-là docile, et il rejette désormais l'obéissance aux prescriptions culturelles. Tout votre argument selon lequel la motivation religieuse des commandements culturels signifie un danger pour la culture repose bien sur l'hypothèse que le croyant peut être rendu incroyant, mais c'est là une complète contradiction.

« Il y a une autre contradiction lorsque vous concédez d'un côté que l'homme ne peut être dirigé par l'intelligence, qu'il est dominé par ses passions et ses exigences pulsionnelles, et que vous proposez d'un autre côté de remplacer les bases affectives de son obéissance culturelle par des bases rationnelles. Comprenne qui pourra. Il me semble, à moi, que c'est ou l'un ou l'autre.

« En outre, n'avez-vous rien appris de l'histoire ? Une telle tentative de laisser la raison prendre la relève de la religion a bien déjà été faite une fois, officiellement et en grande pompe. Vous vous rappelez tout de même la

Révolution française et Robespierre ? Mais aussi la brièveté et le lamentable insuccès de l'expérience. Elle est réitérée maintenant en Russie, et il n'y a pas de quoi être curieux de savoir comment elle finira. Ne pensez-vous pas que nous devions admettre que l'homme ne peut se passer de religion ?

« Vous avez dit vous-même que la religion est quelque chose de plus que la névrose de contrainte. Mais de cet aspect, vous n'avez pas traité. Il vous suffit de poursuivre l'analogie avec la névrose. D'une névrose, il faut libérer les hommes. Mais ce qui se perd par là ne vous préoccupe pas. »

Une apparence de contradiction est née vraisemblablement de ce que j'ai traité à la hâte de choses compliquées. Nous pouvons rattraper un peu cela. Je continue d'affirmer que mon écrit, d'un certain point de vue, est tout à fait sans danger. Aucun croyant ne se laissera égarer dans sa croyance par ces arguments ou d'autres semblables. Un croyant a certains liens de tendresse avec les contenus de la religion. Il y en a sûrement un nombre incalculable d'autres qui ne sont pas croyants dans le même sens. Ils sont obéissants à l'égard des prescriptions culturelles parce qu'ils se laissent intimider par les menaces de la religion et craignent la religion aussi longtemps qu'il leur faut la tenir pour une part de la réalité qui les restreint. Ce sont les mêmes qui rompent les liens sitôt qu'ils peuvent abandonner la croyance en sa valeur de réalité, mais là-dessus, les arguments n'ont pas d'influence non plus. Ils cessent de craindre la religion quand ils remarquent que d'autres ne la craignent pas non plus, et à leur propos, j'ai affirmé qu'ils feraient l'expérience du déclin de l'influence religieuse même si je ne publiais pas mon écrit.

Mais je crois que vous attachez vous-même plus de valeur à l'autre contradiction que vous me reprochez. Les hommes sont fort peu accessibles aux arguments rationnels, ils sont tout entiers dominés par leurs désirs pulsionnels. Pourquoi donc voudrait-on leur ôter une satisfaction pulsionnelle et la remplacer par des arguments rationnels ? Certes, les hommes sont ainsi. Mais vous êtes-vous demandé s'ils doivent être ainsi, si leur nature la plus intime les y oblige ? L'anthropologue peut-il relever l'indice céphalique d'un peuple qui a coutume de déformer très tôt, par des bandages, la petite tête de ses enfants ? Songez donc au contraste troublant qu'il y a entre l'intelligence radieuse d'un enfant en bonne santé et la faiblesse intellectuelle de l'adulte moyen. Serait-il tout à fait impossible que ce soit précisément l'éducation religieuse qui portât une grande part de responsabilité dans ce relatif étiolement ? Il faudrait, je pense, beaucoup de temps pour que les pensées d'un enfant non influencé commencent à s'inquiéter de Dieu et des choses de l'autre monde. Peut-être ces pensées emprunteraient-elles alors les mêmes voies que celles qu'elles ont prises chez ses premiers ancêtres, mais on n'attend pas ce développement, on sert à cet enfant les doctrines religieuses à une époque où il n'a ni intérêt pour elles ni la capacité de concevoir leur portée. Retarder le développement sexuel et avancer le début de l'influence religieuse sont pourtant les deux points principaux de la pédagogie d'aujourd'hui, n'est-il pas vrai ? Et lorsque la pensée de l'enfant s'éveille, les doctrines religieuses sont déjà devenues inattaquables. Mais pensez-vous qu'il soit profitable au renforcement de la fonction intellectuelle de lui fermer un domaine si significatif par la menace des peines de l'Enfer ? Quant à celui qui en est arrivé à recevoir sans critique toutes les absurdités que lui apportent les doctrines religieuses, et même à fermer les yeux sur les contradictions des unes avec les autres, sa faiblesse intellectuelle ne doit pas trop nous surprendre. Or nous n'avons d'autre moyen de dominer notre caractère pulsionnel que notre intelligence. Comment attendre de personnes dominées par des interdits intellectuels qu'elles atteignent l'idéal psychologique, le primat de l'intelligence ? Vous savez aussi qu'on attribue aux femmes en général ce qu'on appelle une « débilité mentale physiologique », c'est-à-dire une intelligence moindre que celle des hommes. Le fait même est contestable, son interprétation douteuse, mais un argument en faveur de la nature secondaire de cet étiolement intellectuel consiste à dire que les femmes souffriraient de l'interdiction, dure et précoce, d'appliquer leur pensée à ce qui les intéresserait le plus, c'est-à-dire aux problèmes de la vie sexuelle. Aussi longtemps que, outre le frein sexuel exercé sur la pensée, le frein religieux et le frein loyaliste qui en dérive agissent sur les premières années de l'être humain, nous ne pouvons vraiment pas dire comment celui-ci est en réalité.

Mais je veux modérer mon zèle, et concéder la possibilité que, moi aussi, je coure après une illusion. Peut-être l'action de l'interdit religieux sur la pensée n'est-elle pas si grave que je le suppose, peut-être se révèle-t-il que la nature humaine reste ce qu'elle est même si l'on ne mésuse pas de l'éducation en vue de la soumission à la religion. Je ne le sais pas, et vous ne pouvez le savoir non plus. Il n'y a pas que les grands problèmes de cette vie qui semblent actuellement insolubles, beaucoup de questions moindres sont elles aussi difficiles à trancher. Mais concédez-moi qu'on est ici justifié à nourrir un espoir pour l'avenir, qu'il y a peut-être à découvrir un trésor capable d'enrichir la culture, que cela vaut la peine d'entreprendre une tentative d'éducation irréligieuse. Si elle se révèle insatisfaisante, alors je suis prêt à abandonner cette réforme et à revenir au jugement précédent, purement descriptif : l'homme est un être de faible intelligence, qui est dominé par ses désirs pulsionnels.

Sur un autre point, je vous rejoins sans réserve. C'est sûrement une entreprise insensée que de vouloir supprimer la religion violemment et d'un seul coup. Surtout parce que c'est sans espoir. Le croyant ne se laisse pas arracher sa croyance, ni par des arguments ni par des interdits. Et si cela réussissait chez quelques-uns, ce serait une cruauté. Celui qui a pris des somnifères pendant des décennies ne peut naturellement plus dormir si on les lui retire. On est en droit de mettre sur le même plan l'action des consolations religieuses et celle d'un narcotique, et ce qui se passe en Amérique en est une jolie illustration. Là-bas, on veut – manifestement sous l'influence de la domination féminine – retirer aux gens tous les stimulants, tous les stupéfiants et excitants, et pour les dédommager, on les gave de la crainte de Dieu. Là aussi, l'issue de cette expérience sera sans surprise.

Je vous contredis donc quand vous déduisez ensuite que l'homme ne peut absolument pas se passer de la consolation de l'illusion religieuse, qu'il ne pourrait sans elle supporter la difficulté de la vie, la cruelle réalité. Oui, il en est incapable, l'homme à qui vous inoculez depuis l'enfance un poison si doux – ou doux-amer. Mais l'autre, celui qui a été élevé sobrement ? Peut-être celui qui ne souffre pas de névrose n'a-t-il pas besoin d'intoxication pour l'anesthésier. L'homme se trouvera alors sûrement dans une situation difficile, il lui faudra s'avouer toute son impuissance, toute son insignifiance dans les rouages du monde, il ne sera plus le centre de la Création, il ne sera plus l'objet de la tendre sollicitude d'une Providence pleine de bonté. Il sera dans la même situation que l'enfant qui a quitté la maison paternelle où il était à l'aise et bien au chaud. Mais l'infantilisme est destiné à être surmonté, n'est-il pas vrai ? L'homme ne peut rester éternellement un enfant, il doit enfin sortir dans la « vie hostile [19] ». On peut bien appeler cela « l'éducation à la réalité ». Ai-je besoin de vous dévoiler que le seul dessein de mon écrit est d'attirer l'attention sur la nécessité de ce progrès ?

Vous craignez vraisemblablement qu'il ne remporte pas cette lourde épreuve ? Eh bien ! laissez-nous tout de même espérer. C'est déjà quelque chose de savoir qu'on en est renvoyé à ses propres forces. On apprend alors à en faire bon usage. L'homme n'est pas sans secours, sa science lui a beaucoup appris depuis les temps diluviens, et elle accroîtra encore sa puissance. Et en ce qui concerne les grandes nécessités du destin, contre lesquelles il n'est point de remède, il apprendra à les supporter avec résignation. Que lui importe qu'on lui fasse miroiter la possession de grands domaines sur la lune, dont personne n'a jamais encore vu le rendement ? En honnête petit paysan, il saura cultiver son lopin sur cette terre, de sorte que celui-ci le nourrisse. En retirant de l'Au-delà ses attentes et en concentrant toutes ses forces affranchies sur la vie terrestre, il pourra vraisemblablement atteindre à ce que la vie devienne supportable pour tous et à ce que la culture n'opprime plus personne. Alors, sans regrets, il pourra dire comme l'un de nos co-irréligionnaires [20] :

Le ciel, nous le laissons
Aux anges et aux moineaux [21].

X

« Tout cela a l'air bien magnifique. Une humanité qui a renoncé à toutes les illusions, et qui, grâce à cela, est devenue capable de s'établir sur la terre de manière supportable ! Pour ma part, je ne peux partager vos attentes. Non que je fusse le réactionnaire endurci pour lequel vous me prenez peut-être. Non, c'est par circonspection. Voilà que nous avons échangé les rôles, je crois ; c'est vous qui vous montrez l'homme fantasque qui se laisse emporter par les illusions, et moi, j'incarne l'exigence de la raison, le droit du scepticisme. Ce que vous avez représenté ici me semble bâti sur des erreurs que je peux, d'après votre procédé, appeler illusions, parce qu'elles trahissent assez nettement l'influence de vos désirs. Vous placez votre espoir dans le fait que des générations qui n'ont pas subi dès la prime enfance l'influence des doctrines religieuses atteindront facilement le primat désiré de l'intelligence sur la vie pulsionnelle. C'est bien là une illusion ; sur ce point décisif, la nature humaine ne changera guère. Si je ne m'abuse – on en sait si peu sur les autres cultures –, il y a aujourd'hui aussi des peuples qui ne grandissent pas sous la pression d'un système religieux, et ils n'approchent pas plus votre idéal que les autres. Si vous voulez débarrasser de la religion notre culture européenne, cela ne peut se faire que grâce à un autre système de doctrines, et celui-ci reprendrait pour sa défense, dès le départ, tous les caractères psychologiques de la religion, les mêmes sainteté, rigidité, intolérance, le même interdit de pensée. Il vous faut bien quelque chose de ce genre pour faire face aux exigences de l'éducation. Et vous ne pouvez renoncer à l'éducation. La voie est longue qui mène du nourrisson à l'homme culturel, trop de ces petits hommes s'égareraient en route et n'aborderaient pas à temps leurs tâches vitales, s'ils étaient laissés sans direction à leur propre développement. Les doctrines qui furent appliquées dans leur éducation mettront toujours des barrières à la pensée de leurs années de maturité, exactement comme vous en faites aujourd'hui le reproche à la religion. Ne remarquez-vous pas que c'est l'indélébile défaut de naissance de notre culture, de toute culture, que d'imposer à l'enfant, pulsionnel et intellectuellement faible, de prendre des décisions que seule peut justifier l'intelligence mûrie de l'adulte ? Elle ne peut faire autrement, en raison de la concentration, en quelques années d'enfance, du développement séculaire de l'humanité, et ce n'est que par des puissances affectives que l'enfant peut être amené à maîtriser la tâche qui lui est assignée. Ce sont là les perspectives pour votre "primat de l'intellect".

« Il ne faut donc pas vous étonner à présent que je prenne position pour le maintien du système doctrinal religieux comme base de l'éducation et de la vie en commun. C'est un problème pratique, et non une question de valeur de réalité. Puisque, dans l'intérêt de la conservation de notre culture, nous ne pouvons attendre, pour influencer l'individu, qu'il soit devenu mûr pour la culture – beaucoup ne le deviendraient simplement jamais –, nous sommes obligés d'imposer à celui qui est en train de grandir un système quelconque de doctrines, qui agisse sur lui comme un présupposé échappant à la critique, et le système religieux me paraît de loin le plus approprié. Et ce, bien sûr, précisément à cause de cette force qu'il a d'accomplir les désirs et de consoler dans laquelle vous avez voulu reconnaître l'"illusion". Au regard des difficultés qu'il y a à connaître quelque chose de la réalité, au regard du doute que cela nous soit seulement possible, nous ne voulons tout de même pas fermer les yeux sur le fait que les besoins humains sont eux aussi une part de la réalité, et même une part importante, qui nous touche de très près.

« Dans l'une des singularités qui semblent particulièrement vous choquer, je vois un autre avantage de la doctrine religieuse. Elle permet une clarification et une sublimation conceptuelles où l'on peut balayer presque tout ce qui porte en soi la trace de la pensée primitive et infantile. Ce qui reste alors, c'est un contenu d'idées auxquelles la science ne contredit plus, et qu'elle ne peut pas non plus réfuter. Ces reconfigurations de la doctrine religieuse, que vous avez condamnées comme étant des demi-mesures et des compromis, permettent d'éviter la fracture entre la masse inculte et le penseur philosophe, elles maintiennent entre eux cette communauté qui est si importante pour assurer la culture. Ainsi, il n'est pas à craindre que l'homme du peuple apprenne que les classes supérieures de la société "ne croient plus en Dieu". Je crois donc avoir montré que votre effort se réduit à la tentative de remplacer une illusion éprouvée et de grande valeur affective par une autre, non éprouvée et indifférente. »

Vous ne me trouverez pas sourd à votre critique. Je sais combien il est difficile d'éviter les illusions ; peut-être les espoirs que j'ai confessés sont-ils de nature illusoire. Mais il y a une distinction que je maintiens. Mes illusions – indépendamment du fait que ne pas les partager n'entraîne aucun châtiment – ne sont pas incorrigibles comme les illusions religieuses, elles n'en ont pas le caractère délirant. Si l'expérience devait montrer – non à moi, mais à ceux qui après moi penseront de même – que nous étions dans l'erreur, nous renoncerions alors à nos attentes. Prenez donc ma tentative pour ce qu'elle est. Un psychologue qui ne se leurre pas sur la difficulté de s'y retrouver dans ce monde s'efforce de juger l'humanité d'après le peu de connaissance qu'il a acquis par l'étude des processus psychiques chez l'individu durant son développement de l'enfance à l'âge adulte. Ce faisant, s'impose à lui la conception selon laquelle la religion est comparable à une névrose infantile, et il est assez optimiste pour admettre que l'humanité surmontera cette phase névrotique tout comme beaucoup d'enfants, en grandissant, dépassent une névrose similaire. Ces connaissances tirées de la psychologie individuelle peuvent bien être insuffisantes, la transposition à l'échelle du genre humain peut bien ne pas être justifiée, l'optimisme infondé ; je vous concède toutes ces incertitudes. Mais souvent, on ne peut se retenir de dire ce qu'on pense, et l'on s'excuse en ne le donnant pas pour plus que cela ne vaut.

Je dois encore m'attarder sur deux points. Premièrement, la faiblesse de ma position n'implique pas un renforcement de la vôtre. Je pense que vous défendez une cause perdue. Nous avons beau souligner souvent que l'intellect humain est sans force en comparaison de la vie pulsionnelle humaine et avoir en cela raison, il y a pourtant quelque chose de particulier dans cette faiblesse ; l'intellect parle à voix basse, mais il n'a de repos qu'on ne lui ait prêté l'oreille. À la fin, après d'innombrables refus réitérés, il trouve cependant à se faire entendre. C'est l'un des rares points sur lesquels on peut être optimiste pour l'avenir de l'humanité ; mais en soi, cela n'est pas rien. On peut lui rattacher encore d'autres espoirs. On est sûrement loin, très loin du primat de l'intellect, mais vraisemblablement, pas infiniment loin. Et comme on peut prévoir qu'il se fixera les mêmes buts que ceux dont vous attendez de votre Dieu la réalisation – à la mesure de l'homme, naturellement, pour autant que la réalité extérieure, l' 'Ανάγκη, le permette –, c'est-à-dire l'amour des hommes et la limitation de la souffrance, nous pouvons nous dire que notre antagonisme est provisoire, et non irréconciliable. Nous espérons la même chose, mais vous êtes plus impatient, plus exigeant et

– pourquoi ne pas le dire ? – plus égoïste que moi et les miens. Vous voulez faire commencer la félicité juste après la mort, vous réclamez d'elle l'impossible, et ne voulez pas abandonner l'exigence des personnes individuelles. Notre dieu Λόγος * réalisera ceux des désirs que la nature extérieure à nous lui permettra de réaliser, mais très progressivement, seulement dans un avenir imprévisible et pour de nouveaux enfants des hommes. Il ne nous promet pas de dédommagement, à nous qui souffrons gravement de la vie. Sur la voie qui mène à ce but lointain, il faut laisser tomber vos doctrines religieuses, peu importe si les premières tentatives échouent, peu importe si les premières formations de substitution se révèlent inconsistantes. Vous savez pourquoi ; sur la durée, on ne peut résister à la raison et à l'expérience, et la contradiction de la religion avec l'une et l'autre n'est que trop tangible. Même les idées religieuses clarifiées ne peuvent se soustraire à ce destin, aussi longtemps qu'elles voudront sauver quelque chose de la consolation contenue dans la religion. Certes, si elles se limitent à affirmer un être spirituel supérieur dont les qualités sont indéterminables et les desseins inconnaissables, alors elles sont immunisées contre les objections de la science, mais elles sont aussi abandonnées par les hommes, qui ne s'y intéressent plus.

Et deuxièmement : considérez la différence entre mon attitude et la vôtre à l'égard de l'illusion. Il vous faut défendre l'illusion religieuse de toutes vos forces ; si elle est invalidée – et elle est suffisamment menacée –, alors votre monde s'écroule, il ne vous reste plus qu'à désespérer de tout, de la nature et de l'avenir de l'humanité. Je suis, nous sommes libres de ce servage. Puisque nous sommes prêts à renoncer à une bonne part de nos désirs infantiles, nous pouvons supporter aussi que quelques-unes de nos attentes se révèlent des illusions.

---

* Le couple divin Λόγος-'Ανάγκη du Hollandais Multatuli [22].

L'éducation, libérée de la pression des doctrines religieuses, ne changera peut-être pas grand-chose à la nature psychologique de l'homme, notre dieu Λόγος n'est peut-être pas très tout-puissant, il ne peut accomplir qu'une petite partie de ce que ses prédécesseurs ont promis. Si nous devons le reconnaître, nous l'accepterons avec résignation. Nous n'en perdrons pas pour autant l'intérêt pour le monde et la vie, car nous avons un point d'appui qui vous manque. Nous croyons qu'il est possible au travail scientifique d'apprendre quelque chose sur la réalité du monde, par quoi nous augmentons notre puissance et d'après quoi nous pouvons aménager notre vie. Si cette croyance est une illusion, alors nous sommes dans la même situation que vous, mais la science, par de nombreux et importants succès, nous a apporté la preuve qu'elle n'est pas une illusion. Elle a beaucoup d'ennemis déclarés, et encore plus d'ennemis camouflés, parmi ceux qui ne peuvent lui pardonner d'avoir ôté sa force à la croyance religieuse et de la menacer d'effondrement. On lui reproche de nous avoir enseigné peu de choses, et d'en avoir laissé incomparablement plus dans l'obscurité. Mais ce faisant, on oublie combien elle est jeune, combien ses débuts ont été pénibles, combien est minuscule le laps de temps écoulé depuis que l'intellect humain est assez fort pour ses tâches. Ne sommes-nous pas tous dans l'erreur en fondant nos jugements sur des laps de temps trop courts ? Nous devrions prendre exemple sur les géologues. On se plaint de l'incertitude de la science, de ce qu'elle proclame aujourd'hui des lois que la prochaine génération reconnaîtra pour des erreurs et dont de nouvelles lois prendront la relève, pour une durée de validité tout aussi courte. Mais c'est injuste, et partiellement faux. Les transformations des opinions scientifiques sont un développement, un progrès, et non un bouleversement. Une loi que l'on a d'abord tenue pour inconditionnellement valable s'avère le cas particulier d'une légalité plus vaste, ou se trouve limitée par une autre loi que l'on ne découvre que plus tard ; une approche grossière de la vérité est remplacée par une approche plus soigneusement adaptée, qui de son côté attend un perfectionnement ultérieur. Dans divers domaines, il y a une phase de la recherche qui n'a pas encore été surmontée, dans laquelle on tente des hypothèses que l'on rejettera bientôt comme déficientes ; dans d'autres domaines, il y a déjà un noyau de connaissance assuré et qui ne peut presque pas être modifié. Finalement, on a tenté d'invalider radicalement l'effort scientifique en considérant que, lié aux conditions de notre propre organisation, il ne peut livrer rien d'autre que des résultats subjectifs, tandis que la véritable nature des choses qui nous sont extérieures lui reste inaccessible. Ce faisant, on passe outre certains facteurs décisifs pour la conception du travail scientifique, à savoir que notre organisation, c'est-à-dire notre appareil psychique, s'est justement développée dans l'effort de connaître le monde extérieur, et doit donc avoir réalisé dans sa structure une part de conformité à son but ; à savoir que notre appareil psychique est lui-même une part constitutive de ce monde que nous devons explorer, et qu'il permet fort bien cette exploration ; que la tâche de la science est pleinement circonscrite si nous la limitons à montrer comment le monde doit nous apparaître par suite de la spécificité de notre organisation ; que les résultats définitifs de la science, précisément à cause de la manière dont ils s'obtiennent, ne sont pas conditionnés seulement par notre organisation, mais par ce qui a agi sur cette organisation ; enfin, que le problème d'une complexion du monde posé sans égard pour notre appareil psychique perceptif est une abstraction vide, sans intérêt pratique.

Non, notre science n'est pas une illusion. Mais ce serait une illusion de croire que nous pourrions trouver ailleurs ce qu'elle ne peut nous donner.

NOTES

1. Le surmoi est l'une des trois instances psychiques de la « seconde topique », les deux autres étant le moi et le soi. Sa fonction est de censurer la conscience en la soumettant à des règles morales et en lui proposant des idéaux moraux et culturels. Freud fait remonter le surmoi au complexe d'Œdipe de l'enfant qui intériorise les interdits énoncés par ses parents et notamment par son père.

2. Au moins depuis *Totem et tabou* et l'*Introduction à la psychanalyse.*

3. Voir *L'Interprétation du rêve*, in *Œuvres complètes de Freud / Psychanalyse*, PUF, 1989-2010 [édition désormais désignée par l'abréviation *OCF.P.*], t. IV, p. 504.

4. Dans *Totem et tabou.*

5. Freud emploie le terme grec *Moira*, qui, comme substantif, signifie la part qui revient à chacun, et, comme personnification divine (avec une majuscule), désigne le Destin envisagé comme une entité divine.

6. Peut-être Oskar Pfister. Voir Introduction, p. 13.

7. « Étayage » traduit *Anlehnung*, terme qui décrit l'appui que les pulsions sexuelles prennent sur des processus vitaux. Ainsi, dans la succion, chez les nourrissons, la libido s'étaye sur la satisfaction du besoin organique de nourriture.

8. Le lac de Constance.

9. Voir « Lettre à Romain Rolland. Un trouble du souvenir sur l'Acropole » (janvier 1936), *OCF.P.*, t. XIX, p. 325-338.

10. Expérience réalisée en 1851 par le physicien Jean Bernard Foucault (1819-1868) pour prouver la rotation de la Terre. Elle mettait en œuvre un pendule pendu au plafond du Panthéon à Paris.

11. « Je crois parce que c'est absurde », maxime souvent attribuée à saint Augustin, mais qui vient de Tertullien (*De la chair de Jésus-Christ*).

12. Dégénérescence de la moelle épinière observée lors de la phase tardive de la syphilis (neurosyphilis).

13. Ceux qu'en français on appelle les Indo-Européens.

14. En français dans le texte.

15. Procès intenté à Dayton en 1925 par l'État du Tennessee au biologiste John Scopes, qui avait enseigné les thèses de Darwin.

16. L'« apôtre de l'Allemagne », né vers 680, martyrisé en 754. Voir l'Introduction, p. 52.

17. Voir l'Introduction, p. 34.

18. Voir Sigmund Freud, « Actions de contrainte et pratiques religieuses », in *OCF.P.*, t. VIII, et Theodor Reik, « Dogme et idées obsessionnelles », in *Revue française de psychanalyse* I, 4, Paris, Denoël et Steele, 1927, p. 647-676.

19. Voir Friedrich Schiller, « Das Lied von der Glocke » [*Le Chant de la cloche*], v. 106-107 : « Der Mann muß hinaus/ Ins feindliche Leben », « L'homme doit sortir/ Dans la vie hostile ».

20. *Unglaubensgenosse* : allusion à Heinrich Heine (1797-1856), d'origine juive comme Freud, et incroyant comme lui. Le mot a lui-même été forgé par Heine à propos de Spinoza.

21. Heinrich Heine, *Deutschland, ein Wintermärchen* [*Allemagne, un conte d'hiver*], livre I, strophe 7, v. 47-48. « Den Himmel überlassen wir/ Den Engeln und den Spatzen. »

22. Λόγος : *logos*, le discours, la raison, le raisonnement. 'Ανάγκη : *ananké*, la nécessité.

CHRONOLOGIE

1856 : Naissance à Freiberg, en Moravie, le 6 mai.

1860 : La famille Freud s'établit à Vienne.

1873 : Freud s'inscrit comme étudiant en médecine.

1875 : Premier voyage en Angleterre.

1876 : Freud va étudier la reproduction des anguilles à Trieste.

1877 : Il commence à étudier le système nerveux sous la direction du Pr von Brücke.

1879 : Service militaire dans le service de santé.

1881 : Diplôme de médecine.

1882 : Freud rencontre sa future femme, Martha Bernays. Il entre à l'Hôpital général de Vienne comme assistant de Hermann Nothnagel, qui travaille sur les localisations cérébrales.

1883 : Freud devient l'assistant du psychiatre Theodor Meynert.

1884 : Il étudie les effets de la cocaïne et conseille à Leopold Königstein de s'en servir comme anesthésique en ophtalmologie.

1885 : *Dozent* en neuropathologie. Il passe six mois à Paris dans le service de Charcot à la Salpêtrière. Il ouvre un cabinet privé à Vienne. Il épouse Martha Bernays.

1887 : Rencontre avec Wilhem Fliess.

1891 : Freud s'installe au 19 Bergasse, qu'il ne quittera que pour s'enfuir à Londres en 1938.

1895 : Publication avec Joseph Breuer des *Études sur l'hystérie.* Premier voyage en Italie. Séparation avec Breuer.

1896 : Freud utilise pour la première fois le terme « psycho-analyse ».

1899 : Publication de *L'Interprétation du rêve*, que Freud date de 1900.

1900 : Rupture avec Fliess.

1901 : Voyage à Rome. *Psychopathologie de la vie quotidienne.*

1902 : « Société psychologique du mercredi » : les premiers disciples de Freud se réunissent chez lui chaque mercredi.

1905 : *Fragment d'une analyse d'hystérie : Dora* ; *Trois Essais sur la théorie de la sexualité* ; *Le Mot d'esprit dans ses rapports avec l'inconscient.*

1907 : Première rencontre avec Jung à Vienne. *Délire et rêves dans la Gradiva de Jensen.*

1908 : Rencontre avec Sandor Ferenczi. Création de la Société psychanalytique de Berlin par Karl Abraham et de la Société psychanalytique de Vienne. Premier congrès international de psychanalyse à Salzbourg.

1909 : Voyage aux États-Unis. Publication de deux cas fameux : le petit Hans et l'Homme aux rats. Fondation du *Jahrbuch für psychoanalytische und psychopathologische Forschungen.*

1910 : Deuxième congrès international à Nuremberg. *Un souvenir d'enfance de Léonard de Vinci.* Fondation de *l'Internationale Psychoanalytische Vereinigung*, qui deviendra l'*International Psychoanalytical Association*, dont le premier président est Jung, et d'une deuxième revue, la *Zentralblatt für Psychoanalyse, Medizinische Monatsschrift für Seelenkunde.*

1911 : Congrès à Weimar. Fondation de la Société psychanalytique de New York.

1912 : Rencontre avec Lou Andreas-Salomé.

1913 : Ferenczi fonde la Société psychanalytique de Budapest. *Totem et tabou.*

1914 : *Contribution à l'histoire du mouvement psychanalytique. Pour introduire le narcissisme.*

1915 : *Métapsychologie.*

1917 : Publication des *Conférences d'introduction à la psychanalyse* (aussi connues sous le titre *Introduction à la psychanalyse*) qui ont été prononcées entre 1915 et 1917.

1918 : *L'Inquiétante Étrangeté.*

1920 : *Au-delà du principe de plaisir.*

1921 : *Psychologie des masses et analyse du moi.*

1922 : À Berlin, dernier congrès de l'Association psychanalytique internationale auquel Freud assiste.

1923 : Diagnostic de cancer de la mâchoire, première opération (il y en aura trente-deux autres) et première prothèse. Dernier voyage à Rome, avec sa fille Anna. *Le Moi et le Ça.*

1925 : *Autoprésentation*, traduit sous le titre « Ma vie et la psychanalyse ».

1926 : Création de la Société psychanalytique de Paris. *Inhibition, symptôme et angoisse. La Question de l'analyse profane.*

1927 : *L'Avenir d'une illusion.*

1929 : Le Dr Max Schur devient le médecin de Freud. *Le Malaise dans la culture*

1930 : Mort, à quatre-vingt-quinze ans, de la mère de Freud.

1932 : *Pourquoi la guerre ?*

1933 : Hitler est nommé chancelier. *Nouvelle Suite de leçons d'introduction à la psychanalyse.*

1936 : À l'occasion du quatre-vingtième anniversaire de Freud, Romain Rolland lui adresse une lettre, « Un trouble de mémoire sur l'Acropole ».

1938 : *Anschluss.* La Société psychanalytique de Vienne se dissout. *L'Homme Moïse et la religion monothéiste.*

1939 : Mort de Freud le 23 septembre.

BIBLIOGRAPHIE SÉLECTIVE

Œuvres de Freud

Œuvres complètes

Dix-neuf volumes des *Œuvres complètes* de Freud (sur les vingt-deux à paraître) sont disponibles aux PUF, dans une édition dirigée par Jean Laplanche, avec Pierre Cotet, François Robert, Janine Altounian et Alain Rauzy (1989-2010). Cette édition est communément désignée par l'acronyme *OCF.P.* (*Œuvres complètes de Freud/Psychanalyse*).

Nous indiquons, pour les textes suivants, la tomaison de l'édition :
L'Interprétation du rêve : t. IV.
« Gradiva ». Autres textes : t. VIII.
Totem et tabou : t. XI.
La Question de l'analyse profane : t. XVIII.
Nouvelle suite de leçons d'introduction à la psychanalyse : t. XIX.

Correspondance

Freud, *Correspondance avec le pasteur Pfister*, trad. L. Jumel, Gallimard, « Tel », 1991.

ÉTUDES ET OUVRAGES CITÉS DANS CETTE ÉDITION

Yvon BRÈS, *Critique des raisons psychanalytiques*, Paris, PUF, « Perspectives critiques », 1985.

Ernest JONES, *La Vie et l'œuvre de Sigmund Freud*, Paris, PUF, « Quadrige », trad. Anne Berman, 3 vol., 1969 et 2006 pour la dernière édition.

Jean LAPLANCHE et Jean-Bertrand PONTALIS, *Vocabulaire de la psychanalyse*, Paris, PUF, 1967.

Anne MILLET, *Psychanalystes, qu'avons-nous fait de la psychanalyse ?*, Paris, Le Seuil, 2010.

Oskar PFISTER, *Illusion d'un avenir*, version anglaise avec introduction de Paul Roazen in *The International Journal of Psycho-Analysis*, vol. 74, 3e partie, juin 1973, p. 557-579.

Paul ROAZEN, *Freud : Political and Social Thought*, New York, Knopf, 1968.

Max SCHUR, *La Mort dans la vie de Freud*, Paris, Gallimard, « Tel », 1975.

Jean-Pierre WINTER, « Freud et le judaïsme », *Europe* n° 954, octobre 2008, p. 39-44.

TABLE

L'AVENIR D'UNE ILLUSION

Mise en page par Meta-systems
59100 Roubaix

Dépôt légal : mai 2011
N° édition : L.01EHPN000396.N001
Imprimé en Espagne par Novoprint (Barcelone)